铁血将军

LI LIEJUN

李烈钧

李季清 著

团结出版社

图书在版编目（CIP）数据

铁血将军李烈钧 / 李季清著 . –– 北京：团结出版
社 , 2024.3
　　ISBN 978-7-5234-0811-7

　　Ⅰ . ①铁… Ⅱ . ①李… Ⅲ . ①李烈钧（1882-1946）
－传记 Ⅳ . ① K827=6

中国国家版本馆 CIP 数据核字（2024）第 028749 号

出　　版：团结出版社
　　　　　（北京市东城区东皇城根南街 84 号　邮编：100006）
电　　话：（010）65228880　65244790（出版社）
　　　　　（010）65238766　85113874　65133603（发行部）
　　　　　（010）65133603（邮购）
网　　址：http://www.tjpress.com
E-mail：zb65244790@vip.163.com
　　　　　tjcbsfxb@163.com（发行部邮购）
经　　销：全国新华书店
印　　装：三河市东方印刷有限公司

开　　本：170mm×240mm　　16 开
印　　张：14.75
字　　数：176 千字
版　　次：2024 年 3 月　第 1 版
印　　次：2024 年 3 月　第 1 次印刷

书　　号：978-7-5234-0811-7
定　　价：48.00 元

李烈钧将军

富贵不能淫贫
贱不能移武不能
屈此之谓大丈
夫

壬戌初冬
高木先生属
李烈钧

孙中山任大元帅时赠李烈钧惠存

前排：孙中山，后排右起：李烈钧、戴季陶、孙科

1923年，北伐军誓师大会，左起依次为：滇军司令朱培德、赣军司令彭程万、北伐军总司令李烈钧、孙中山、胡汉民、粤军司令许崇智

李烈钧与夫人华世琦

李烈钧与夫人华世琦及子女的全家照

　　1913 年 7 月，李烈钧首先在江西发难，讨伐袁世凯毁法乱纪、扼杀共和的"二次革命"

　　1915 年 12 月 25 日，云南护国举兵讨袁。左起：李烈钧、殷承瓛、蔡锷、罗佩金、李日垓

1944 年 5 月，中国远征军越过怒江赴缅甸。总司令卫立煌（右二）、
李烈钧四子李赣骥（右三）

1942年，李烈钧七子李赣骕入少年海军军官学校学习

目录

一 山水武宁 自幼习武

中华民族源远流长，人杰地灵，江西可谓人文荟萃、英才辈出之地。追溯鼎盛时期则为宋朝，如欧阳修、王安石、文天祥等皆是顶天立地的豪杰，流传千古的伟人。迫至清末，从事国民革命推翻清政府，肇造民主共和者乃首推江西武宁的李烈钧，字协和，号侠黄。

武宁县城坐落在赣西北大地，屹立于湘鄂赣边界。西北的九宫山，东南的云居山前后罗列，层峦叠翠；修水河碧波荡漾，清澈透莹；山景可与五岳比秀，水色可与西湖媲美。

1882 年 2 月 23 日，李烈钧出生在武宁罗溪的坪源庄。清末，在广西金田乡爆发了太平天国反清运动，太平军出征北上一路所向披靡。当忠王李秀成部攻到江西时，李烈钧之父李骏兴偕本家兄弟四人投奔太平军。在征战的岁月里兄弟四人为表忠心均在自己的脸上、手臂上刺有"太平天国"的字印。不久，太平天国运动被清廷镇压，李家兄弟为避清兵的追杀只好潜回武宁家乡。好在家乡地处偏隅山区，不易被外界注意，加上李家与左邻右舍的关系也颇为和睦，乡人都没去官府告发他们。

不久，清廷捕杀太平军的行动随时间的推移而淡化，留在李家兄弟脸上、手臂上的字印也渐渐模糊，于是他们才敢出门。起初他们以务农维持生计，日子还能撑得下去。不久，家乡的农贸业兴旺起来，地处山区的武宁自然以山坡上盛产的茶叶为营销主业，省外的商人纷至沓来选购茶叶。李骏兴见当地所产的茶叶因运输能力薄弱而销售积滞，心想不如凭着自身的体力来搞茶叶运输这行当也许会带来生机。于是，他召集兄弟四人说出自己做茶叶运输的想法，弟弟们非常赞同。大家说干就干。由于兄弟齐心合力、勤劳苦干，最关键的是他们诚实守信，所以博得了不少商家的信任，且愿意把茶叶的运输业务委托给他们来担保承运。随着业务量的递增，他们收益可观，李家的生活状况也得到了改善，日子过得很舒心。不久，李骏兴也成家娶妻。妻子杨氏是一位知书达礼、贤惠之人，她在庄里称得上一位超凡女子。杨氏为李家育有一女二子，长子李烈谟、次子李烈训（后改名烈钧）。孩子们在母亲杨氏的严厉管教下非常懂事，他们生活自律简朴、读书认真钻研，课余时兄弟俩又一起习武来增强体质。李烈钧的姐夫潘爵予有经商的天赋，他成为李家的女婿后就帮着岳父打理起茶叶的运输保险业务。当时，在李家是上上下下同心同德，把茶叶生意做得红红火火，日子也过得井然有序、日日向上，对李家来说能这样安居乐业已是幸福美满。当然，李骏兴也不是事事都那么如意。他的长子李烈谟平时酷爱骑术、射箭等武术项目，有一次在乡间举办的骑马武术项目比赛时，他的坐骑在过河途中突然停下不肯再动了，这时候他由于求胜心切用双腿猛力夹紧马肚想让马前进。可是，他的瞬间发力而造成自身内脏受损。在穷乡僻壤的乡间根本没有良医和有效的药品，唯有一些山间的土方草药，自然无力回天，不久便去世了。李骏兴中年丧子，对他及全家人来说心里的苦痛及所受到的打击是可想而知的。

兄长虽已离去，但李烈钧对武术的执着并未有丝毫变化，反而更加刻苦习武。武宁山区的百姓都有尚武之精神，故乡中武艺高手颇多，李烈钧在孩童时就立志向那些有名望的大师求教。乡间的武举人张坦庵、田建卿、邱老茂都是他常去求教的大师，大师也感到这个小男孩对习武的热衷且有一股执着的精神，所以乐意把自身的武艺传授给他。李烈钧在大师的指点下，凭着自身的悟性和苦练的毅力很快就学到不少武术的基本要领，所以在坪源庄众多的男孩中他算是一个拳术娴熟的佼佼者。

平时，他除了认真读书、习练武术外，也和其他男孩一样喜欢玩各种游戏，如踢毽子、放风筝等。尤其对模仿两军对垒作战的游戏感兴趣，游戏中男孩们各自手握木棍作为兵器，分成攻守两队。在整个对阵过程中他的表现已经展露出一个小指挥官的军事才能，所以每次的对垒游戏中他都能率队胜出。在坪源庄就数他性格豪放、爱交朋友且爱打抱不平，这些秉性使他年纪轻轻就已经在庄里颇有名气了。那时候，在衙门里当差的人常常仗势欺人、横行霸道，凡是让李烈钧撞上此类情况，他总能挺身而出与那些衙役评理交涉，弄得衙役对他的出头管事很是恼火而又无可奈何。可是，他小小年纪便扶弱抑强的品质，让庄里的老人认为他是一个有正义感的好孩子，将来必定成为干大事者。

随着年龄的增长，李烈钧对当时社会的种种怪异现象开始关注起来，然而让他萌发对腐朽清廷强烈憎恨的还是见到父辈脸上、手臂上所刺的"太平天国"字印后，才略知太平天国是推翻清政府的一支农民起义军，由此引发了他更想从父亲处听到太平军更多的故事。他听了父亲的讲述之后有所领悟：原先认为凭自己一腔侠义能改变天下不平之事，现在认识到仅凭一人之力是无法改变当时社会状态的。同时，他以先贤范仲淹"先天下之忧而忧，后天下之乐而乐"的名言作为自己的座右铭。

1894 年 7 月 25 日，日本海军率先攻击清军运兵船，清军被迫还击。此后，光绪帝下宣战诏书，正式对日宣战。中国与日本之间在黄海发生了空前规模的海战，史称"中日甲午海战"，此时李烈钧十二岁。

　　北洋水师十艘军舰对阵日本海军十二艘军舰，海战五个小时后北洋水师却全军覆灭，这场海战的惨败在中国民众心里的震动极大。国人之前总认为清廷败给那些红头发、蓝眼睛、高鼻子的西洋人，是因为这些西洋人有坚船利炮，且国人对西洋人从未接触而不知底细。但是对东邻这个弹丸小岛的日本来说，还是多多少少有所认知的，可是这堂堂天朝大国在此海战中竟然败在早已交往千年以上的日本人手上，国人感到是一桩奇耻大辱。

　　中日甲午海战惨败的消息很快在国内各地不胫而走，各省的民众都在议论此事，连那些平日里只顾着生意、不问国事的商人也在谈论这件事。对国事的议论也由各地的商人带到武宁山区，李烈钧自然听到众人对中日甲午海战的评说，心中气愤难平，油然萌生"憬然若有所悟，思雪斯耻，始蓄投笔从戎之志。"由此，他决意投笔从戎，走上保家卫国的军旅生涯。

二　膺选赴日　参加同盟

1902 年，江西巡抚李锐兴接到京城督练处的命令，清廷要求各省均设立武备学堂，来加强培养新一代青年军事人才，江西的武宁县分到了两个名额。这一年李烈钧二十岁，他被县衙选派去省城武备学堂参加应试。

李烈钧由于从小就跟着武举人张坦庵大师习武，所以他对考试的武术科目是举重若轻、得心应手。入学考试完毕之后，武备学堂的总办汪瑞闿对李烈钧及几位学生的表现很满意，频频颔首以示赞赏。发榜那日学生们都围在榜前看自己的排名，李烈钧也挤到了前面，看到自己的名字名列前茅，心里是一阵喜悦。

他入学之后勤勉攻读各门学科，从未缺课，第一学期结束时他的各科成绩均评为优等，同时得到监督提调及总教官吴介璋的赏识和嘉勉。不久，京城督练处又发出公告，指示各省的武备学堂选拔优秀学生到北京面试，合格者将公派赴日本学习军事。江西省分到四个名额，在吴介璋等人的推荐下李烈钧被省府推为首选，其余三位是胡谦、欧阳武、余鹤松，这四位学生由省府资送上京。

北京面试的学生来自各省的武备学堂数百人，经过层层筛选录取者一百多人，李烈钧名列其中。这批留日公派生由北京坐车南下上海，再换轮船东渡日本。

途经天津时，接到京城督练处的通知要求全体学生下车待命。原来是直隶总督兼练兵大臣袁世凯要在天津接见这一批留日的公派生。

学生们整齐列队且以立正的军姿站立，经过好长一段时间，袁世凯在差官们的簇拥下，姗姗来到学生队伍面前，他只讲了短短几句鼓励的话便离去了。这几句官话虽然没有什么实际内容，但是袁世凯此时亮相的用意是想让这批学生明白，是他给他们这一次去日本深造学习之机会，他们要有感恩之心，学成归来要效忠他袁世凯。李烈钧当时并没有想那么多，他认为袁世凯接见学生，无非是做大官的威严、讲究个排场而已。

袁世凯在天津接见这批公派留日学生，李烈钧是第一次也是最后一次见到他。然而此时谁都没有想到若干年之后李烈钧和袁世凯之间进行了两场殊死之战，这两场战争又在中国的史册上留下了重要的一页。

1904年，李烈钧和这批同学来到日本。先进入日本振武学校学习，该校是进入日本陆军士官学校的预科班。在日本振武学校他学习两年期满之后，被分配到日本四国炮兵联队继续实习一年。

1906年，李烈钧正式成为日本陆军士官学校第六期生，系统学习日本的军事知识，他与程潜、阎锡山、唐继尧、李根源等人为同班同学且在同一个宿舍。

秉性活跃的李烈钧来到日本学习之后，不久就结识了不少的中国留日学生和日本学生。这些学生中有学军事的也有学文学的，学生之间的相互交流学习使他受益匪浅。在求学的一段时间里中国留日学生受到孙文主义思想的感染颇深，对推翻清朝封建专制的新思想在留日学生中广泛流传，各种进步社团和宣传革命的刊物如雨后春笋般涌现出来。李烈钧就是在这一大环境的渲染之下眼界豁然开阔了，爱国主义思想日益高涨。他在军校学习期间与黄郛等人发起组织了"丈夫成城团"，积极联络各方革命志士，共同推动反清的民主革命运动。

1905年8月13日，中国留日学界召开大会欢迎孙中山先生到会作演讲。这一天，很多留日学生闻讯而来。会堂里人山人海、拥挤不堪，李烈钧到了会堂见此状况后，心里盘算着要担负起"临时之拱卫"的责任，于是即返校带领"丈夫成城团"的同学前来会堂维持秩序，保障了孙中山先生这次演讲活动顺利进行。

同年11月，日本政府受清廷之要求，由日本文部省颁布《关于准许清国人入学之公私立学校之规程》，第八条提出，对中国留学生校外监督规定。公私立学校应使中国学生居住于宿舍或学校监督下的公寓，以监督学生的校外社会活动。清廷的这一招显然是针对中国留日学生，限制与控制这批学生的革命活动。

规定公布之后，日本政府派出警察搜查了宏文学院的中国留学生宿舍。这立刻激怒了中国留日学生，学生以拒绝上课来反对这个无理的规定。革命志士陈天华表现得尤为愤怒且写下绝命书，独自跑到大森海湾投海自尽以示抗议。

日本各地的留日学生也纷纷行动起来抗议日本政府颁发的规程，可是唯独江西的留日学生还未行动，缘故是江西学生会干事熊垓枉回避学潮而未公开表态，所以他是不会组织学生参加学潮的。李烈钧听说之后急忙约上几位同学商议后，马上行动，通知、召集江西籍的同学开会。开会那天凡收到通知的各校江西籍的学生几乎都来到会场，在会上李烈钧首先奋勇上台讲话，他怒斥日本政府对中国留学生的人身污辱，号召同学们行动起来响应罢课及归国运动。他最后情绪激昂地宣布：凡是赞同罢课、回国的同学请坐到左边，不同意的去右边的位子，台下的同学在他的激情感召下，除了学生会干事以外都愿意罢课回国，以实际行动来抗议日本政府的人身迫害。中国留日学生正义斗争的声势越发高涨，日本当局为了防止学潮事态再继续扩大，无奈把规程条款作了修改，取消了限制留日中国学生活动的条例。这次中国留日学生的正义斗争能取得胜利，充分体现出中国学生那种不甘屈从的斗争精神，同时也体现了李烈钧在此次学潮中的组织才干及维护中国留学生尊严的坚定立场和顽强的斗志。

1905 年 7 月，孙中山先生结束了在美国、欧洲历时一年半之行，由法国来到日本。他和黄兴等人将之前的各革命社团并建为"中国同盟会"。同时，同盟会在日本出版了本会的机关报刊《民报》，来宣传鼓动革命的新思想。《民报》的诞生，在当时对唤醒民众起到了积极的作用。

李烈钧读了《民报》之后也受益颇深，对孙中山先生的反清反封建专制的民主革命的思想有了更深一步的了解，并且在同学中也积极广泛地宣传、传播此理念。他曾对日本山中峰太郎同学说："清政府送我们出来留学，是在出钱培养革命派。他们非常愚蠢，一点也未察觉到这一点。说来，倒是一个天大的笑话。"

在那段时期，革命派的想法显然是有认识上的局限性，但是革命派在反封建专制王朝上是坚定不移的。

此时，孙中山在日本的演讲活动，李烈钧可以说是场场必到。他每次聆听之后都会肃然起敬，心中迫切想近距离面见这位革命领袖。他在日本友人的帮助下，约上同学李根源、罗佩金等去了日本友人小石川家

　　　　　　　　　　　　　　　　铁血将军李烈钧

拜见仰慕已久的中山先生。李烈钧当面聆听了中山先生所论述的中国之希望、革命之道理后，倾服之念更是油然而生，同时对孙中山的革命精神更加崇敬，也增强了自己的革命必胜的信念。

1906 年 6 月 9 日，李烈钧经张继、张华飞、王侃的介绍加入了中国同盟会。入会宣誓时，监誓人是孙中山。李烈钧加入同盟会是他生命中的一个重要转折点，从此他由一个单纯的爱国青年成长为一个坚定的革命党人。李烈钧加入同盟会后，他的社会活动比之前更为频繁。不仅踊跃投身到留学界组织的社交活动，同时在课余时间常与同学李根源、唐继尧、阎锡山、李绶光等同盟会成员聚在一起研究政情、分析时事，且商议毕业归国后如何在军中宣传革命思想及发展吸收更多的有志青年参加同盟会来壮大革命队伍的力量。

李烈钧在日本学习军事课程的四年时间里，已经由一个官派留学生成长为一名坚定的民主革命战士。

三　学成归国　潜边革命

　　1908 年，李烈钧以优异成绩毕业于日本陆军士官学校第六期。归国后，他先到北京清政府的陆军部报到。之后，他被分配到江西任新军五十四标一营管带一职，由此开始了他的军旅生涯。

　　李烈钧有了这个管带身份，他就能顺便在本营的官兵中进行民主革命思想的灌输，同时也利于他在本营中秘密宣传和传播反封建专制及建立民主共和的新思想。

　　赣省的五十四标是新军建制，所以标中的官兵有不少已是具有新思想的优秀青年。李烈钧感到欣慰，非常爱惜这些官兵，且寄予了厚望，为此他对营中的官兵都一视同仁，从无歧视，由此也博得了官兵对他的尊重。不久，营里的官兵熊公福、黄再生、欧阳伟、钟运钧、邓绍禹等人进步很快并且加入了同盟会，这些官兵成了他的得力干将。他们又主动联络其他营里的志同道合的战友且发展入同盟会。在这段时期，李烈钧不仅在思想上影响着全营的官兵，而且在日常军事操练指标上也严格要求官兵做到规范化，不到半年的时间已将全营训练成一支极具战斗力的队伍，这些成绩颇受到他恩师吴介璋的倚重和偏爱。可他却遭到协统商德全、标统齐宝善的妒忌。有一次，李烈钧营里一名姓钟的士兵因其母亡故要求请假奔丧。他认为母丧是大事应予准假，但他的权限只有24小时，所以他把此事呈报给标统齐宝善且请标统出具批文，齐宝善说：我口头准允就行了，不用再批示，你叫士兵早归营就行了。于是，李烈钧让士兵离营回家。次日清晨出操的总值日官是李烈钧，齐宝善和商德全先后到操练场，李烈钧上前报告人数和习操科目，并且报告有一名士兵准假回家治丧。过了两天，商德全和齐宝善突然向上级报告说，李烈钧"匿报逃亡""侵吞截旷"。上峰接到报告后马上拘押了李烈钧，按军法条例这两条罪状是可以判死刑的。李烈钧被拘押后失去自由只得把事由成文暗中托人交吴介璋，求他主持公道。吴介璋知道后，便叫上文案长陆佑、兵备处总办张季煌请他们联名作保，但是督练公所仍决定军法审判。

这次审判由张季煌担任审判长，他很清楚李烈钧是被人所诬陷，可是在案件卷宗上的指控两项事由也确实存在，所以审理此案对审判长张季煌来说很棘手。开庭审理已过半且两项罪名似乎已定下，此刻对李烈钧确实十分不利。突然，第一营的军需长詹哲夫走进法庭要求做证。军需长向审判长说：李管带从来不过问军需上的事，有关军需上的责任都由自己来负责。随后把第一营的饷册呈上审判长过目。这位詹哲夫是由吴介璋介绍去第一营工作的，此刻他在关键的时候出庭做证、出具证物，是否是吴介璋授意不得而知。但是，不管何种缘故都说明李烈钧在一营的所作所为已深得人心。

审判长阅了呈上的饷册，这份饷册是按月上报的，每月的饷册均有主管齐宝善的手批"复查无异""依次转呈"的字样。审判长认为这是一份有力的物证，证实了人无逃亡、饷按人发，为此这两条罪状就不予成立。接着审判长厉声斥责齐宝善：糊涂，李管带报上的饷册，都有你的手批，怎么能说李烈钧"侵吞截旷"？齐宝善知道诬告已败落，无言可复只得认错。审判长宣读了判决书，判李烈钧无罪且当庭开释。商德全、齐宝善的背后自然也有人撑腰，所以这二人也仅仅受一顿训斥而已，便不再追究了。

经过这件事李烈钧感到虽然是幸免了灾祸，但与上司间的关系已结下怨仇是事实，尽快离开江西乃是上策。究竟去往何方，他想到：当年留学回国报到时，冯国璋欲派他去云南供职，加之云南有不少留学日本陆军士官学校的同学，更为重要的是云南的四十七名留日学生中大多数为同盟会会员，他们一年多工作表现优异，其中李根源现在是云南讲武堂总办，罗佩金是陆军小学堂总办，这批留日士官生的革命思想在云南新军中的影响力也颇深。他们在军营中所开展的革命活动都是在秘密中进行，并未公开其革命党人的身份就不易引起官方的注意。他们在日常军事课目操练中又将自己所学到的知识传授给官兵使部队的整体军事素质提升，这些成绩有口皆碑自然也博得了云南巡抚李经义的赏识和倚重。李烈钧鉴于这些理由决定去云南，为了能够调离江西他感到还需求得京城高官的帮助，于是给北京的冯国璋去信阐述他在江西蒙受冤屈的事由。

李烈钧原本是想借助冯国璋之力调往云南，可是冯国璋见信后却误解了，认为他是来投靠自己，求取升迁。另外，冯国璋考虑到李烈钧在日本留学时参加过武学社活动而认为他也是北洋系人，所以冯国璋愿意帮忙且与王士珍、段祺瑞商议联名给江西巡抚冯汝骙去电，电文："有学生李烈钧，服务赣省，想属麾下，望请多赐指教。"冯汝骙见到电文之后，大吃一惊，他没想到李烈钧有这三位大臣的关照，不敢得罪。于是，他马上撤下标统齐宝善，由李烈钧接任标统一职。

　　　　　　　　　　　　　　　　　　铁血将军李烈钧

可是，李烈钧原打算是能尽快离开江西去云南，所以才写信给冯国璋求助。他现在琢磨着京城已收到信了，为防夜长梦多决定立刻动身。当冯汝骙下达任命书时才知道李烈钧已经离开了江西，考虑到他在朝中有靠山的缘故对他的擅离军队的事也就不作追究了。

李烈钧在赣任第一营管带期间，他在父母亲的安排下与本庄盛遇槐的次女结婚。盛夫人聪明颖达、秀慧过人，她嫁到李家后细心照顾公婆且把家务操持得井井有序，还为李家育一女一子，女儿名昆玉、儿子名昆鸿。李烈钧曾盛赞夫人："温温恭人，为德之基。"

1909 年春，李烈钧来到昆明，经同学李根源的推荐去了云南讲武堂任教官。他在讲武堂虽然有机会面授学生的革命思想，但还是感到不如在江西当管带时那么自如、任意布排。这些状况对他这个急性子的人来说觉得受到约束，好在他善于广交朋友的秉性使他不久结识了不少的社会各界名流。其中有一位叫李日垓的云南名孝廉，此人对民主革命抱有热情。李烈钧和他可谓一见如故、不谋而合，两人办起了一所体育学校，校址选在江右新馆。

体育学校的日常事务由李日垓总管，同时特聘了一位日本军人佳田乞夫来当教官。李烈钧在体育学校不仅教学生的体育课，同时在课余时间向学生宣传革命的思想，学校一时间办得有声有色。

在昆明这段日子里李烈钧的心情非常舒展，精力也很充沛。不久，罗佩金调任标统，陆军小学堂总办一职空缺，罗佩金便想到了李烈钧，他向云南巡抚推荐了李烈钧。后经巡抚李经义的授命，李烈钧成为陆军小学堂总办兼督练公署兵备处提调，他对这两个职务感到很满意。他任兵备处的提调就有更多的机会去处理日常的军法事务，从中也能学到许多有关军法条例的知识。初始，他干起事来劲头十足。可是，因为督练公署的总办靳云鹏不是同盟会会员，所以是不会支持革命党的。李烈钧在靳云鹏部下势必行事须格外谨慎，现在他和靳云鹏相处只能说表面上还算不错，但是在处理诸事问题上仍有分歧而感到棘手。共事不久，秉性耿直的李烈钧又萌生去意。适逢在四川任督练公署总办的何国钧发来邀请且说已向川督赵尔巽推荐了他，望能来川供职。李烈钧收到四川总督发来的电报后心里一阵兴奋，于是他请了两个月的假期去四川了。李烈钧到四川后被任命为川省督练公署帮办一职，他和何国钧就在一起共事了，两人常一起为国事促膝谈心、相互交流学术，相处得很融洽。可是，好景不长，麻烦的事来了。缘故是李烈钧此次去四川是请假而没有辞去在滇的军职，确实违反了军规。云南巡抚李经义对李烈钧擅自去四川供军职大为震怒且上书北京督练处告状，北京督练处收到滇省的公函后即刻下文书于四川问责。在这种情形之下，李烈钧也无理由再留川了只能返回云南。

1911 年四五月间，云南发生了两件大事。一是云南七府矿产事件，这件事涉及外国侵夺中国合法的权利；二是驻扎在缅甸的英国军队公然占据云南的片马地区，强行霸占了中国的领土。两件大事中其后一件事尤为激起中国民众的愤怒，同时云南的同盟会会员在这件事上的态度十分明确，且与英方做斗争中也做到了有理有节。此时，清政府也不愿丢失这块国土而丧失朝廷的颜面，于是借民众的抗争之势把这件事交由云南巡抚李经义出面向英国军队交涉，原则上英军必须无条件退出片马地区。英国驻缅军知道这件事确实做得理亏，加之云南各界民众的强烈呼声，英方在各方压力下只好答应清政府的要求，宣布英军退出片马地区。风波平定后，李经义也从这事件中反思且嗅到滇军中那些反英的官兵不少，也意识到军中这股潜在的力量不可小觑。于是，他将注意力移向军

　　　　　　　　　　　　　　　铁血将军李烈钧

中那些危险的革命党人，欲将其逐出云南。

在片马事件中，李烈钧的言行自然引起云南巡抚李经义的注意，为此欲把李烈钧这颗钉子尽快拔掉。当时冯自由写道："陆军小学堂总办李烈钧，暗鼓风潮，设体育学校，传播革命，……李巡抚知之，委烈钧北洋观察员，令即日离滇。"

1911 年的永平秋操与往年的安排有所不同，摄政王载沣这次派出他的兄弟载涛去代临秋操，并且命令各省都必须派出军官前往观摩。云南巡抚李经义感到机会来了，于是他借永平秋操之名在是年夏将李烈钧名正言顺送出云南。

四　策舰反正　公推皖督

　　永平观操对李烈钧来说虽然没有兴趣，但他知道自己是军人，服从命令乃是军人的天职，必须执行命令。他和邱斌作为滇省代表参加永平秋操，由昆明出发长途跋涉来到上海，打算在上海休息调整后转道赴天津。他到上海后获知同盟会中部总会已在 1911 年 6 月 30 日成立了，于是他找到了同盟会中部总会的同志宋教仁、谭人凤等，并且与同志们一起筹划、组织长江沿岸城市的革命活动。10 月 13 日，李烈钧辞别了中部总会的同志带着使命坐船去汉口。他到达汉口时武昌起义已经发生，他下船后去了江边的一家旅店投宿，谁知旅店老板说，现在革命党查得很严所以本店暂时歇业。李烈钧听后对老板说："我就是革命党，你怕什么？"老板仔细打量面前这位青年军官，确实像革命党便殷勤招呼他进房。李烈钧顺势探问老板武汉的近况，老板说：现在城里的革命军已由新军二十一混成协统领黎元洪来统领了。次日，李烈钧去拜见黎元洪。可是这位大人是被革命士兵硬推上此位的，所以他怕事态闹大而无法收场便躲了起来。李烈钧一时也难找到他，加上还要去参加秋操就不找了决定先行北上。当他赶到火车站时，见一辆行驶去北京的列车已启动，他立刻奔跑迎上且跃上了这辆列车。

翌晨到达北京，李烈钧下车后去了第六镇统制吴禄贞家。在吴禄贞家见到了王侃等多位同盟会同志，大家欢迎李烈钧的到来。同盟会会员聚在一起的话题自然是武昌起义，因李烈钧又是从武汉刚过来大家都想听武汉的情况。李烈钧便把他在上海、武昌二地的所见所闻娓娓道来，最后他说："武昌的革命气势很壮观，但是本会在那里的革命力量还是很薄弱，我们革命党人应该及早行动起来去支援武昌。"大家听后都表示赞同。王侃是李烈钧留日同学，所以李烈钧约他一起去武昌共事，此时的王侃正谋划滦州起义的各项工作而无法分身去武昌，也就谢绝了李烈钧之邀。适逢这时候江西的同志给李烈钧来电，请他回赣参加起义。于是，李烈钧匆匆告辞了吴禄贞、王侃等同志只身南下。他到天津时知道永平秋操已停办了，他感到是件好事，现在可以堂堂正正回江西干一番事业了。他由天津坐船去上海，再换长江轮西上九江。

10月26日，他到了九江。此时，九江已由同盟会会员林森、蒋群、吴照轩、张鲁瑶等同志在三天前宣布了九江独立，李烈钧回到九江后，吴铁城、张惠民、卓仁机等人先后到他下榻的旅店见面，并且请他来军政府供职以稳定九江的大局。时任九江军政府总参谋长的蒋群知道李烈钧已在九江，便提出让贤且征得了马毓宝都督认可后，蒋群去见了李烈钧。他当面请李烈钧接任总参谋长一职，李烈钧在蒋群的真诚感召下也就恭敬不如从命愿意接受职务，参谋总部的办公地他选择在三国时期名将周瑜的点将台。

此时，南昌还未光复，仍处在江西巡抚冯汝骙手中。这位效忠于清廷的巡抚处处与革命党人作对，他指使马献廷在九江探听九江军政府的动态且及时密报给南昌府。马献廷是一个反复无常、贪婪成性的伪君子，他是依附冯汝骙而当上了九江督修营房委员的，自然是效忠于冯的。

九江光复时，马献廷假意投靠了九江军政府。李烈钧对马献廷这一类人很是反感，从不让这号人进入他的参谋总部。有一天，李烈钧外出办完事后回来，正好瞧见马献廷在他的办公室鬼鬼祟祟地翻阅文件。李烈钧顿时大怒且快步上前一把揪住马献廷夺下文件。谁知马献廷不仅不认罪反而以他一以贯之骄横态度说："有什么不能看的？"李烈钧原本就很恼火，见他如此嚣张便顺势狠狠赏了他一记耳光。马献廷平日就是骄横奢靡之人，怎能忍受李烈钧这一巴掌？他立马大闹起来，李烈钧见他如此放肆，随手快速抽出站一旁的宪兵佩刀向马献廷砍去。马献廷被这突然之举吓坏了，一下子两腿一软瘫倒在地上，宪兵对倒地的马献廷进行搜身，当场搜出他与冯汝骙来往的一封密信。李烈钧拿到证据后，便去九江军政府见马毓宝。

李烈钧在军政府把有关的证据给马毓宝且问他如何处置马献廷，虽然这位马都督也是因为当时九江起义的形势所迫才勉强参加起义，但此时的状况他就是想帮马献廷也难以做到，再说眼下的军队已经被革命党人所掌控。所以他只好无奈说："此事处理听你总参谋长的意见，一切由你代我执行吧。"李烈钧有了授权，他立刻将马献廷交由军法处会审。军法处根据马献廷的罪状，判决马献廷死刑，由宪兵司令廖伯琅执行。

李烈钧清除了这个九江隐患后，九江又出了一件官场风流案。九江金鸡坡炮台司令徐公度，是一个好色之徒。他乘马献廷处死后将他的两个女人纳为内宠，一时间他的艳闻传遍九江城。李烈钧听到这件龌龊事后说道："可耻！这种人乃是我军的败类，一定要按军法处置。"徐公度虽是湖口炮台的司令，但他知道艳事的败露不是件光彩的事，自知理亏且惧怕李烈钧拿他开刀整顿军风，此刻他唯有请武汉军政府黎元洪都督来帮他解围一条路了，于是他立马去电黎元洪请求发公函将他调离江西。

再说黎元洪和徐公度确实是湖北老乡关系，然徐公度又是两湖将弁学堂毕业的，可以说徐公度是黎元洪一手栽培的人，所以徐公度相信此请黎元洪会予以解决。

不日，黎元洪电告李烈钧，意将徐公度调往武昌任用。李烈钧接电后碍于黎元洪的面子，便做个顺水人情答允把徐公度调至湖北。这样一来，徐公度在九江的公案随他的调离也就不再追问、不了了之了。

武昌起义后，清政府派出海军统制萨镇冰率北洋海军"海筹""海容""海琛""楚同""楚有""楚谦""楚豫""江元""江亨""江利""江贞"等十几艘军舰开赴武汉支援。这时候，北洋陆军正猛攻汉口，陆军见海军军舰到来士气大振，认为有了军舰炮火的支援夺取汉口指日可待。可是，在海军的官兵中同情革命者居多，所以军舰上所发出的炮弹总落不到目标处，也就无法有力支援陆军进攻的攻势，反而减轻了革命军的压力。适逢时秋已深，长江水涸。北洋海军借此理由提出暂时撤离武汉江面向下游下锚待命，欲去上海。北洋舰队途经九江江面时，发现九江金鸡坡炮台的大炮正对着长江江面，下一处的马当炮台也严阵以待扼守着江面。此时，如果舰队继续硬闯的话风险肯定很大。况且海军中的官兵都不愿再为清廷卖命，所以舰队暂时停泊在九江处的江面上静观其变。11月11日，金鸡坡炮台的守军发现北洋军舰停泊在九江处的江面上，便向军舰开炮示警。同时，电告九江军政府的总参谋长李烈钧。

再说，北洋海军统制萨镇冰见金鸡坡炮台向军舰开炮，以为要对军舰宣战，他乘乱之际慌忙跳上一只渔船逃离了军舰。这样一来，舰队不可一日无帅，于是各舰舰长公推"海筹"号舰长黄钟瑛来统领舰队。

李烈钧收到金鸡坡炮台的报告后知道北洋军舰没有向炮台开炮，而且打出了旗语表示愿意和九江军政府合作。所以李烈钧认为北洋海军此来并无恶意，又知海军的官兵中以福建人居多，他想到林森是福建人，易与海军沟通，于是他派林森、吴铁城、龚永甫、蒋群去北洋军舰联络了解一下情况。林森等人上了军舰后，因与同乡相见且有共同的乡音，气氛立马热闹起来，似乎有一见如故之情，很快就达成了共识。海军兄弟当场决定在九江宣布起义，归九江军政府领导。李烈钧知道这个喜讯后激动万分，且盛情邀请海军兄弟来岸上相聚；同时，在九江商会大摆宴席，盛情招待海军官兵的代表。在宴席气氛达至高潮时，李烈钧站了起来手捧着酒杯向大家提议："今夜我们就作长夜之饮、不醉不归嘛。"在座的海军官兵无不备受感动，并且齐声称道李烈钧能如此大度理解海军官兵此刻的心情。北洋海军起义后归九江军政府的节制，将舰队编成两支舰队。第一舰队由黄钟瑛任司令，第二舰队由黎元洪委派的汤化龙之弟汤芗铭任司令。

江西九江军政府有了海军的加入，军事力量瞬间得到了整体倍增，九江都督马毓宝也任命李烈钧为九江军政府陆海两军总司令。此时，李烈钧见九江的革命形势及军事力量壮大欲率军东下攻取南京，同时他也积极与南方诸省的革命党人，尤其是云南的同志加强联系，以此来壮大全国革命的新高潮。不久，李烈钧以九江军政府的名义致电全国，电文中强烈要求清帝退位，这也是九江军政府第一次向全国通电。九江的政治稳定，使李烈钧又产生一个念想，那就是全省必须统一。在他的建议下，九江军政府作出决定：由蒋群去省城南昌联络革命党人尽快策动起义，夺取全省的独立；由李烈钧统领陆海两军去安庆支援皖省的革命党人夺权，从而为夺取南京做准备。

安庆是安徽的省城，虽然在11月8日宣布了独立，但是皖督一职是由原安徽巡抚朱家宝担任。然这位前朝巡抚得不到本省知识界中的同盟会会员支持，而且各界民众也不认同，他们力推留日士官生王天培来任皖督。可是，在皖省的同盟会力量单薄且不成气候，所以王天培的推举未成，反被朱家宝赶出了安庆。此时的皖省革命党人并未气馁、罢休，他们一方面积聚本省的革命力量；另一方面又想到了九江军政府，为此派出吴旸谷同志去九江请李烈钧出兵相助。

李烈钧原本就有计划去安庆策动革命，现在听了吴旸谷的一番话，不谋而合，当场就命令标统黄焕章领兵两千与吴旸谷先去安庆。

安庆军政府的兵力实在太弱，经不住黄焕章的九江部队攻击，没多费工夫就被黄焕章的部队所攻克且赶走了朱家宝，安庆回到了革命党手里。可是好景不长，由于黄焕章的这支队伍是刚刚组建的，而且兵源大多来自原江西洪江会员，虽多彪形大汉但陋习难易，所以打胜仗后这些士兵在城里花天酒地、肆无忌惮劫掠公家钱款甚至殃及百姓。短短数日被劫财物达三百万元，搞得安庆城不得安宁、混乱不堪。老百姓原本对九江来的革命军寄予了很大的期望，然而现在被黄焕章的这支队伍闹得全城民怨沸腾。

面对此局势，安庆的韩衍、易白沙、管鹏等人将陆军小学堂、测绘学堂、尚志学堂的学生组织起来编成一支青年军。同盟会会员胡万泰也把已经散落的皖军迅速召集起来，大约有一个营的兵力，经过整顿后与刚组建的青年军联合，准备以武力去抗击黄焕章的部队。此时，双方之间的火拼已经迫在眉睫。在九江的李烈钧也闻悉安庆所发生的事，同时也收到皖省同志发来的告急电报。他感到处理安庆事件已到刻不容缓之地步，于是他电令安庆的黄焕章马上把队伍带回九江。可是，黄焕章阳奉阴违迟迟不离安庆，李烈钧此时决定立刻动身去安庆。

11月18日，李烈钧带上一个步兵营分乘"海筹""海容"两艘军舰来到安庆。他下船后做的第一件事就是把黄焕章看管起来，随后将这次的主要肇事者顾英等人执行枪决；其次下达军令，把这次所有抢来的财物全数归还原主，同时令黄焕章及所部的两千名官兵撤回九江等候发落。

李烈钧到安庆之后，采取了一系列果断的措施，很快把安庆的混乱局面稳定下来。安庆城内的市面迅速恢复如常，李烈钧深得市民的称赞和拥戴。不久，安庆的各界人士及民众举行了盛大的欢迎大会，在会上，安庆的民众推选李烈钧为全皖大都督。11月21日，李烈钧就任了安徽省都督，开始了他在皖省的主政时代。

在这段时期，江西、安徽、江苏三省相继独立，然而清廷的两江总督张人骏此时的实际管辖权已萎缩到仅一座孤城南京。11月8日，驻秣陵关的新军第九镇徐绍桢部对南京发起攻击，后因失利退到镇江一带。此时，驻镇江的三十五标已在11月7日宣布起义，由林述庆营长任镇江都督，他知徐绍桢在镇江附近便欢迎其来镇江一起共事。

徐绍桢率部到镇江后，他又联合收编了江浙一带的起义部队，并且将这些部队组建成江浙联军，由他任联军总司令。随后他对这支新建的联军开始强化实战训练，为再度攻打南京作准备。在安庆的李烈钧闻知江浙联军要打南京，拟率陆海两军前去支援，共同夺取南京。

为了从东、西两处合围南京，李烈钧派卓仁机去镇江联络告知东西并进之策略。卓仁机受命后即刻出发，他凭着熟知的地形巧妙地绕过南京顺利到达镇江面见了徐绍桢和林述庆且说明来意。徐、林两位听了卓仁机的作战方略后均表示欢迎李烈钧举兵相助，同时对李烈钧东、西出击钳制攻取南京的方案表示赞同。商定之后，卓仁机向徐绍桢、林述庆两位将军辞别，即刻只身返回安庆复命。

五　率军援鄂　统率联军

武昌起义后，在风雨飘摇中的清政府乱了阵脚。10 月 12 日，清廷派陆军大臣荫昌领北洋军南下武昌。适逢湖北区域的交通堵塞，造成兵车滞留在信阳和孝感间动不了，这样战机又延误了。清廷为了挽回战局，不得不让袁世凯出山去武汉平定革命军，然袁世凯见时机未熟乃以身体欠佳推辞了，清廷只好派冯国璋接替荫昌领北洋军攻打武汉三镇。南北两军鏖战多日后，北洋军毕竟兵强马壮，革命军力不从心，抵挡不住，相继失守汉口、汉阳两镇，退回南岸武昌。这时候，驻武汉的各国领事馆为了其本国在华利益而出面调停南北之战。双方经过一番唇枪舌剑的争论之后，总算同意在 12 月 1 日南北各方签约无条件停火三天的协议。再说，在安庆的李烈钧正着手准备发兵与江浙联军一起攻打南京的前一天，突然收到黎元洪这一天从武昌发来的五次加急电报。电文中均是请李烈钧速领兵来武昌解围，以解北洋军压境之危。李烈钧见黎元洪一日五次急电，说明武昌现在的形势已经很严峻，而武昌的安危关系到全国的革命大局。他审时度势后果断作出了决定，改变原先进攻南京的计划，亲自率领陆海两军及在安庆收容整编的三千散兵一起西上武昌，同时电

　　　　　　　　　　　　　　　　　　铁血将军李烈钧

令九江的赣军待命。当然，南京的事还须给徐绍桢有个交代，要守信用嘛，于是他决定由俞应麓带上一个旅东下配合江浙联军攻打南京。

军事布置完后，李烈钧把皖督大印交给安徽的同盟会会员胡万泰，由他接任皖督主持安徽的政务。

12月2日，李烈钧率领大军到达武昌。部队由阳逻登岸后在江边驻扎，李烈钧则带上参谋龚少甫、机枪营营长卓仁机及宪兵队沿长江堤岸走到武昌。

此时，北洋军在龟山上已经架好野炮对准了江南，陆军也做好了强渡长江的准备。形势对革命军来说确实相当严峻，然此时在武昌前沿阵地上的官兵听到了一个好消息，各省援鄂军尤其是赣军即将到来。顿时，革命军将士精神大振。

鄂省军政府参谋长蒋翊武见到李烈钧后很激动地说，"双方停战三天的协约现在就剩最后一天了，我们都盼着你过来。"李烈钧说："现在各省的援军也到了，时间紧迫，应该马上召开军事联席会议，尽快制订应战方案乃是当务之急。同时请程箴副参谋长马上给黎元洪打电话，告知他各省援军已到武昌，速回军政府议事。"各省援军司令接到鄂省军政府的电话后都赶来参加会议，大家在军政府等了一个多小时还未见黎元洪到来。李烈钧感到现在是非常时期不能再等了，于是他主动担负起主持会议的重任。会上，李烈钧向各省援军分析了南北间的军事状况，并且把保卫武昌的具体防御计划讲述给诸位将领，各省援军司令听后都表示赞同。散会后，李烈钧回到赣军驻地，立马召集部将布置作战任务。他命令军舰仍停泊在阳逻处的江面上，舰炮对准龟山上的北洋炮兵阵地及封锁长江江面；陆军由青山处登岸，翻越仓子埠构筑工事。

次日，黎元洪才从王家店回到武昌军政府，参谋长蒋翊武向他汇报了昨晚各省援军已到及李烈钧已布置好应战的计划。黎元洪听完后即给李烈钧打电话请他来军政府，李烈钧接电后又来到军政府。黎元洪见李烈钧走进军政府便快步上前迎接且紧紧握着李烈钧的手激动地说："你来了，真好，如再不到的话，武昌可就保不住了。多谢你昨夜及时召开军事会议，制定了对策。"李烈钧说："北洋军没有那么可怕，我与各省援军都协商妥了，各自负责好自己的防区，放心吧。"黎元洪听后连声说："好，好，谢谢诸位。"他当场任命李烈钧为苏、皖、鄂、赣、粤五省联军总司令，杜锡钧为右翼军司令，王芝祥为左翼军司令。

当时，南北之间的军事状况：南方由于海军已被李烈钧节制，舰队就游刃于长江江面上，使北洋军难以过江，这是南方革命军的优势；但是北洋军的优势还是陆军，他们确实兵强马壮。李烈钧综合实际情况，采取了江上封锁、陆上避开正面交锋之策。他令中央军在武昌一线的防御工事上严阵以待，同时令左右两翼军以掎角之势向黄陂、孝感出击，从两侧猛攻北洋军将其牢牢钳住不让其向前推进一步。同时顺势将北洋军的给养列车彻底摧毁，迫使北洋军无法过江，造成南北两军处于相去无几之状态。

武汉保卫战在五省联军总司令李烈钧的指挥下，阻挡住彪悍北洋军攻击武昌的步伐，由此稳定了武汉的战局。在战后的事实中也验证了李烈钧的战略方针是可行的，当然，武昌得以保全也不仅仅是靠军事战术上的优势，这与当时全国的政治形势是分不开的。

12月中旬，袁世凯出山后，见全国民众反帝制的呼声日益高涨，他想不如借助这股浪潮去顺势推翻清王朝，从而实现独霸北洋来控制中国之野心。于是，他派唐绍仪去上海和革命党人进行南北和议谈判。谈判结果是南北两方达成协议，协议的宗旨是在中华民国正式宣告成立之前，袁世凯必须宣布赞同共和制、废除帝制，如果符合这条件孙中山愿意让出总统一职且推举袁世凯为民国总统。为此，在孙中山当选为中华民国临时大总统时，孙中山给袁世凯一份电报中表示"暂时承乏，以待贤者"。

然袁世凯对南北和议的协议并不满意，尤其对唐绍仪没有领悟他的意思而把事办砸了心里非常不爽。不久，袁世凯把唐绍仪给免了职。

回说，北洋军在冯国璋的率领下从武汉撤出之后，武汉的南北两军战事也算是告一段落。黎元洪在武昌军政府设宴款待了各省援鄂部队的将领，同时他以十万元犒赏了来自九江的赣军，并且又以数万元特奖赏给李烈钧本人以表感谢。然李烈钧则把这些奖赏全部分配给赣军的将士们，他的这一举动在当时各军中很快传颂，这也让李烈钧得了一个爱兵不爱钱的良好名声。

南北和议之后，不仅在南方诸省的革命浪潮如火如荼乃至北方几省也处在高潮中，在短短的两个月时间湖南、云南、江西、安徽、江苏、浙江、贵州、广东、广西、福建、四川、陕西、山西等省都相继宣布独立且成立军政府。

此时，袁世凯见时机已成熟便出手了。首先他玩了一箭双雕的计谋，一面以清王朝为工具来压迫南方的革命力量，以致其妥协让步；另一面又借革命的力量去威胁清王朝，逼使清帝退位。这时候，在海外的孙中山原本对南北和议谈判就不赞同而是坚定要推翻清王朝建立民主共和制，这个立场他始终不变。

1911 年 12 月 25 日，孙中山从美国回到上海后立即号召党内同志为民主共和制继续努力奋斗。12 月 29 日，上午十七省的革命军代表云集南京，举行选举临时大总统的会议。在会上，孙中山以 16 票当选为中华民国临时大总统，并且将年号正式改称中华民国元年 1 月 1 日。1 月 3 日，会上通过了孙中山临时大总统提交的国务委员名册：陆军总长黄兴、海军总长黄钟瑛、外交总长王宠惠、司法总长伍廷芳、财政总长陈锦涛、内务总长程德全、教育总长蔡元培等，同时根据议程，代表选举了黎元洪为民国副总统。1912年2月12日，清朝宣统皇帝溥仪宣布正式退位，结束了清朝的封建专制统治。

再说，江西在1911年11月1日宣布独立后，在短短的几个月里先后由吴介璋、彭程万、马毓宝出任江西都督。在马毓宝上任后，他放纵在九江光复时辅佐他上台的洪江会。这些洪江会会员就是土匪，在省内是胡作非为、飞扬跋扈，引起江西民众的极大不满。为此，省议会派俞应麓为赣省代表去南京向孙中山请愿且推荐李烈钧为江西都督。孙中山对江西代表说：各省都督必须先由省议会议员选举产生，然后再报民国政府审核后方有效。俞应麓带回孙中山的指示后，江西省议会马上召开了议员大会，在会上议员一致推举李烈钧为江西省都督，随具文呈民国政府。孙中山对李烈钧其实是很了解的，他见江西省议会的公文后欣然同意，一纸令下，免去马毓宝的江西都督一职，任命李烈钧为江西省都督。江西省议会在未接到国民政府的任命书时就已派欧阳武去武昌迎李烈钧回赣主政，欧阳武乃是李烈钧留日的同学。欧阳武到了黄陂县郭家湾李烈钧的赣军驻地，他向李烈钧讲述了江西这段时期所发生的一些事，同时把省议会的决定告知。李烈钧知道后欣然同意且与欧阳武商议回赣计划。

不日，李烈钧去鄂省军政府见黎元洪向他提出辞去五省联军总司令等军职报告，哪知黎元洪惜才不愿放李烈钧回赣而把报告搁置不理。此时李烈钧回赣的决心已定，见此状况他便天天去见黎元洪，黎元洪在被逼无奈之下只好松口说："你自己拟好辞职报告，让鄂省军政府盖上公章就行了。"黎元洪这种处理方式显然是在敷衍李烈钧，可是李烈钧毫不客气地照黎元洪的意思写了辞职报告，随去掌印官处传了黎元洪的原话，硬是把军政府大印给盖上且去黎元洪处让其盖上私章。完事之后，李烈钧向黎元洪又提出要求，要带两艘军舰回江西，此刻黎元洪也不便当面回绝只能无奈答应了。

李烈钧有了两艘军舰后心里忒高兴，这次能带上陆海两军荣归返赣。接着，李烈钧选定了回江西的时间并且把援鄂赣军改名为"护卫军"，任命欧阳武为司令。护卫军对外又称"南雷支队"（欧阳武的别号是南雷）。

"南雷支队"正整装开拔之际，传来孙中山已将临时大总统让位于袁世凯了。李烈钧知道后感到很不公当即通电表示反对，并且要亲率陆海两军去南京拱卫。这时候黎元洪来劝导，他说这件事乃是南北和议时双方所定下的协议，你还是先回江西任职静观其变。李烈钧在大家的劝说下，决定先将部队带回江西从长计议。

"南雷支队"作为先锋由陆路向九江出发，李烈钧这天全副武装，腰悬日本指挥刀登上"楚豫"号军舰，率海军从水路东下九江。马毓宝知道李烈钧已由武汉来赣任江西都督心里很不舒服，他指使其心腹九江要塞司令朱汉涛领兵阻止南雷支队进入江西。朱汉涛是何许人也，他是江西洪江会的小头目，曾是马毓宝的兵弁，也是由马毓宝提拔到现在这个司令位子。他这个人平日里纵兵殃民，九江的民众无不对他恨之入骨。然而，九江的革命党人此时也没有闲着，为了迎接李烈钧来江西正在展开各种活动。先是提出"杀猪宰马"（"猪"，是指朱汉涛；"马"，指马毓宝）的口号，后是由刘世钧、余鹤松等人带着部队把九江卫戍司令部给围住，并且迅速冲入缴了卫戍司令部的械，朱汉涛也在混战中毙命。

李烈钧到九江后，首先把朱汉涛的旧部召集开会且宣布了朱汉涛的罪状，同时将这支部队归到赣军序列，让其接受新军的正规化训练。"南雷支队"由鄂到浔（九江）后，一面进行休整，一面担负起九江的护卫，让民众过上安稳的日子。

南昌各界人士知道李烈钧已经到了九江，便派出代表去九江迎接他，请其尽快来南昌就职。此时，马毓宝也随民意去电九江，欢迎李烈钧来南昌上任，李烈钧心知肚明他在敷衍。同时也知南昌的政局很复杂，这一切他也早有思想准备和应对的措施，所以目前不考虑去南昌。他趁休整期间把朱汉涛从国外买来的一批枪械分配到各部充实军队的战斗力，同时各部继续加强军事操练。十多天的军事整训后，李烈钧感到该去南昌了。择日，李烈钧告别了九江的父老乡亲后登上军舰沿鄱阳湖畔南下。途经梁红玉的望夫亭时他特意下船登亭，亭上柱子有一副对联："五夜寒更曾上高楼听鼓角，一樽浊酒重来此地看湖山。"其实李烈钧早几年就知晓这副对联，但是他此次重上望夫亭，也许是他内心触景而生的疑惑再现，也能明白他在九江是刻意多待些时日，就是在观察南昌的政治动向，今日赴南昌，他心里仍有一种会有事情发生的预感。

果然，行至樵舍时内河水师船队出现在眼前。水师船队趁着夜色突然向军舰开炮，李烈钧即刻下令"楚同"号军舰舰炮回击。内河水师的船都是木质小艇，艇上的火炮也都是些陈旧土炮，怎么能经得住军舰的炮击？片刻之间内河水师的船队被击沉、打散而溜之，军舰继续向前行驶且安抵牛行停泊。南昌的百姓听说李烈钧已到牛行，又带来两艘军舰，都很好奇，纷至牛行码头观看，还有不少先到者已经在排队上舰参观。此时，码头上人声鼎沸、热闹非凡，没多时省议员也闻讯赶来迎接。李烈钧在家乡父老的欢呼声中神采奕奕地走下舷梯，边走边挥手向民众招呼，他在议员的陪同下去了他的行辕——豫章学堂。次日上午，李烈钧在行辕和省议会议长刘景烈及赣省的重要人士会晤。大家对江西的政局及未来进行广泛深入的交流与沟通且达成了共识，会晤中议员也建议他尽快上任，以利江西局面之稳定。江西这段时间，地方势力和洪江会知道李烈钧任赣督，他们怕由李烈钧掌控全省大权会对己不利，于是结伙在一起谋划制造事端来搅局给李烈钧一个下马威。某日晚上，南昌洗马池突然起火且火势越烧越旺。李烈钧认定这件事是人为，幸好他早有戒备，即刻派出部队迅速去洗马池扑灭火势。同时，他也第一时间来到火灾现场督察。这次火灾由于及时采取措施，加上官兵的奋勇抢救，火势很快被控制、扑灭。

由于一些支持李烈钧的同志挺身而出为其出谋献策，鼎力相助，当时江西的混乱状态得以根治。其中有一位李烈钧的武宁老乡刘炳昆，他在南昌已经居住生活多年，所以对南昌及附近地区的社会状况很是了解，他诚恳地提醒李烈钧说："局势初定，宵小宜防。"

六　选为赣督　迎孙排袁

1912 年 3 月 19 日，李烈钧在南昌正式宣誓就任江西都督一职，时年 31 岁。

李烈钧上任后，立即对江西的政界、商界、学界等进行大刀阔斧的改革。这时候，孙中山大总统之位已经让给了袁世凯。但是李烈钧仍然执行着孙中山先生在职时所签署的政令。他执政伊始，首先对督府的行政机构进行改组，废部设司。他任命钟震川为内政司司长，魏斯灵为财政司司长，王侃为司法司司长，胡泽为交通司司长，李国梁为工商司司长，宋育德为教育司司长，俞应麓为军政司司长。这批新任的司长大多为同盟会会员，他们上任使江西的政权牢牢握在革命党人手中，并且执行了为民众服务的宗旨，奉行廉洁奉公的理念。同时，为了加快振兴江西的经济发展，李烈钧还专门设立了礼贤馆来网罗省内外的精英人才为江西服务。

江西原本就是收支不敷的省份，辛亥光复时查收没收的封建官僚的赃物并没有用在省内的建设上，而是被那些前任的官吏中饱私囊了。在李烈钧接任赣督时江西的财政已是一副烂摊子，财政上严重赤字。为了解决省内此状况，李烈钧打算先向省内富商危子恒、陈德懋等人协商借款来解决财政司银圆的缺口。可是，这些富商不愿借款给督府。正在一筹莫展时，李烈钧想到了徐秀钧，此人很会理财且在本省可称得上高手，为此李烈钧特意请他来督府会晤。两人谈得很投机很融洽，之后李烈钧采纳了徐秀钧提出的合理化建议且让他操办江西国民银行，发行地方纸币。同时，开设公典设立盐运局，把盐运税制化。李烈钧在这期间还任命了博学多才的黄缉熙为两淮盐运使，两位贤人不孚众望，在短期的运作后省内的财政已初见成效，这良好的开端不但解决了本省的亏困状态而且也能向中央交上税款。财政这一仗打响之后，李烈钧体会到要使经济繁荣必须把省内的交通建设好，修建铁路就成了重要的环节。为此，李烈钧着手对南浔铁路公司组织框架进行改组及准备注入建设铁路的资金。于是，他派铁路总监彭程万去上海向外国洋行借款。彭程万在上海不负重托联系上日本商会会社且以年息六厘借到五百万元日币，资金落实了就能保证南浔铁路开工。为了确保贷款流向无误，李烈钧认为除了监管工程建设所必须购置的设备外还要确保借款的按时还息金旧欠。同时在施工质量、进度上一定要以"公家监管"来督察，此外对损害筑路的行为人要采取惩戒措施来保证工程的正常运作。

南浔铁路扩建工程开工不久，发生了因南浔铁路公司协理罗朗山的侵蚀工程款六万元而造成的误工事件。当时，徐秀钧发觉此事后感到事态很严重便提出严查且一查到底决不姑息。由于罗朗山有靠山导致办案人员的查询工作无法深入下去，徐秀钧立刻将此案件上报给督府。李烈钧见报告后非常恼火，他立即给徐秀钧处理此案的全权。

徐秀钧有了督府的尚方宝剑后，立马下令商务总会把罗朗山押送司法办。蛀虫罗朗山伏法后，南浔铁路工程恢复了正常施工。经过筑路工人的夜以继日地苦干，工期比原定计划提前竣工，日后通过三四年的运营运输能力大增。铁路公司的营业收入做到了盈余，这条铁路线的开通给江西的物产交流便捷带来了新的活力。

赣省的农业因年年遭灾而歉收，李烈钧针对这个情况提出了兴修水利工程及减赋税的政策来改变农村的困境。这个措施的出台，让农民看到了希望，他们就会有动力。当时在南昌、新建两个县，每年都会遭遇水灾而造成粮食歉收，李烈钧知道之后便召集了这两县的士绅开会一起协商解决之方法。根据实际状况首务须修筑圩堤，于是他决定由督府拨款 40 万元作为修筑圩堤的专款资金。两个县得到资金后立刻组织全县的青壮年农民参加修建圩堤工程，经过数月的奋战圩堤工程完工，为日后防止水灾之患提供了根本的保障。

赣西北是山区地形，武宁及周边几个县从太平天国至今就有"浮粮病民"之称。家乡的贫困让李烈钧的心里很不安，他对家乡经过周密地实地调查后果断决定在该地区实行免除税收的政令，使百姓在生活上得以改善，这几件与民生相关措施的实施赢得了百姓对他的拍手称赞。

在振兴赣省的交通、农业时，李烈钧深知培养知识人才乃是改变江西落后状态的根本。于是，他一边筹措教育经费，一边实施标示招考，在省内选拔公费生赴欧美和日本学习，当时就有一百多名优秀学生被选上出洋留学深造。

数年之后，这些莘莘学子学成归来均在国家相关的领域作出了他们的贡献而成为中华大地的栋梁。在这批江西籍出众的留学生中如陈寅恪、胡先骕、饶毓泰、徐宝璜、欧阳琳、程孝刚、谢寿康、罗英、熊遂等都是杰出的学者。

在李烈钧的主政下，江西在政治、经济上都有所改善且取得了一定的成效。在这个基础上本省就有财政积累可以来购置军事装备，为日后打击省内土匪恶霸做好了准备。清朝时，江西只有一混成协，辛亥革命后才增至两个师，加上水巡部队总兵力为几万人。这支赣军中唯独"南雷支队"的军纪严明且战斗力强，为了平衡、提升赣军的整体素质，李烈钧将两个师的建制进行整合改编。

赣军在实施改编的过程中并非一帆风顺，第二师的刘世钧、余鹤松等人以自己在九江光复时出过大力而以功臣自居，所以对督府颁发的军队改编政令持阳奉阴违的态度而不予配合，好在"南雷支队"的官兵都能积极配合改编工作，李烈钧知道这些情况后，即派人去第二师进行劝导且讲明原委，可是这些人不仅不听反而有反叛之念。

关于第二师的情况，李烈钧出了一份语气强硬的通告："赣民膏血有限，吸尽又将如何！头颅可断，命令不可违。"同时，他让士兵带上几万元银票潜入第二师营地，展开攻心战去说服二师的官兵，让这些弟兄认清是与非。不久，刘世钧在他的部下官兵的压力之下，才不得不在表面上服从督府的整改令勉强执行了军队的改编，但是在他的心里依然很不服气。

赣军的整编工作经过一番周折之后总算落实到位了，李烈钧再把原来的陆军速成学校改办成江西讲武堂，专门培养军事干部人才来充实到军中的中、下级军官增强赣军的战斗意志。

这时候，南京留守处因缺乏军饷供给而造成无力再维持南京拱卫部队，只好无奈解散这支部队。李烈钧知道南京拱卫部队要解散的消息后，为了保住这支革命党人的军队，他急电在南京的黄兴请他把这支部队调到江西，由赣省负责军饷供给。黄兴欣然同意将这支由林虎指挥的部队调往江西，李烈钧把这支部队改编为赣军第一旅，旅长由林虎担任。这支新编赣军第一旅因武器装备精良，战斗力极强自然就成了赣军中的一支劲旅。

江西赣军整编后的新建制有二师二旅的兵力，第一师师长欧阳武，第二师师长刘世钧，混成旅旅长方声涛，第一旅旅长林虎。此时，李烈钧认为清除省内的土匪恶势力的时机到了。

江西最大的土匪乃是洪江会，这股土匪在江西省内势力很大，他们四处骚扰百姓，作威作福，民愤极大。洪江会的会员有一个标志就是每个人都带着一把铁刀和系着一块几寸见方的红布，布上盖着方印，会员之间以刀、布相认。

为了维护赣省的社会安定，李烈钧下令赣军消灭这股祸害百姓的洪江会恶势力。洪江会的首领闻知赣督李烈钧要派军队来剿灭他们，想鸡蛋哪能斗得过石头，赶紧逃吧，于是大小匪头不是隐匿起来就是匆匆离开江西。

赣军的全面出击，在短短时间先后将逃往湖北的匪首龙正文、陈细鬼及逃至河口的彭木香等人擒拿归案。同时，把已混入军中的洪江会成员洪宝琳等人揪了出来且移送军法处。这些罪大恶极的匪首经过审判后都被判处死刑，并且在公审大会上执行，为民众除了大害。然而对洪江会的一般会员则采取了"歼厥渠魁，胁从罔治"的政策，将这些人发资遣送还乡。江西的剿匪很有成效。在南方诸省中，唯江西在这期间的经济、政治、军事上的改革为之一新，可以说是一个巩固安定的省份。

袁世凯上位民国大总统后，他唯一的心病就是南方诸省中在革命党人所控制的省份。为了削弱南方诸省的军事力量，他搬出曾与孙中山所达成的"八大政纲"中的第六条："军事、外交、财政、司法、交通皆取中央集权"为理由，通令各省缩编现有军队。李烈钧对袁世凯接任民国总统后并未兑现承诺迟迟不来南京就职很反感,今日见他又令各省缩编军队更是不满。李烈钧洞悉其奸仍然坚持江西二师二旅的建制,对袁世凯的通令置之不理且电告袁世凯、国务院、陆军部,电文称:"各省地方官制未定之前,都督将担一省治安重任,其不堪训练之兵,自必设法解,所练军队尽成节制之师,共巩邦基……国基未固,外患堪虑,统一人心,救亡之本。尚乞先其所急,速定筹饷练兵安内对外之重要政策,庶于中央集权之中仍寓统筹兼顾之意。"此时,李烈钧不但不同意缩编军队,反而向中央提出要求迅速颁发筹饷练兵的有关政策,这一切举措让袁世凯哭笑不得。当然,袁世凯知道他的势力范围在北方地区,其余的省份基本上被革命党人所掌控,对他这个欲大权独揽之人确实是个障碍。于是,袁世凯想到了"军民分治",就是在各省中设立行政长官一职来监督和限制革命党人都督的权力。

可是,这"军民分治"的政策,袁世凯不想出面提出,而是派袁乃宽去武昌说服副总统黎元洪,让黎元洪出面提出"军民分治"。

1912年4月10日,黎元洪照着袁世凯的授意向各省通电,提出"军民分治"的主张。一时间,那些仰袁鼻息的共和党人纷纷站出来发表声明,赞同"军民分治"的政策,成为袁世凯的应声虫。各省都督中虽有人对"军民分治"政策难以接受,但又不敢明言,只能持沉默观望态度。这时候,唯独赣督李烈钧挺身而出。他在4月18日通电表示坚决反对,电文中阐述:"革命方法原分三期,军政、约法、宪法。今日中央政府由军政时期进为约法时期,然各省现状则尚在军政时期中。都督一官日后固不可久存,惟目前不能骤废……由约法时期进为宪法时期,规定全国统一官制,废都督、设民政长,不但军务应归中央,即财政、司法无不当受于政府,以收中央集权之效,而成统一民国之功。"5月7日,李烈钧再次通电重申："若仍用省制而使军民对立，托分治之名成牵制之实，小则废事，大则内讧，如何统筹全局……当今急务，在于统一，不在于分治，欲以军民分治而求国政之统一，不第中央之统一愈难，窃恐地方政治益形纷扰。"李烈钧先后二次的通电可谓直言不讳，他一针见血指出了实行"军民分治"，是托分治之名，成牵制之实，电文直刺袁世凯的命脉。

湖南都督谭延闿，广东都督胡汉民，安徽都督柏文蔚在李烈钧的两次通电后，也相继呼应通电，反对"军民分治"。袁世凯对南方四省都督反对"军民分治"一事，虽然心里很不舒服，但是他更清楚时下的社会舆论的重要性。为此，袁世凯在大肆集权的同时又要装出一副"忠于共和""忠于民国"的姿态，也只能不了了之。

1912 年 8 月 11 日，同盟会、统一共和党、国民公党、国民共进会及共和实进会五个党派代表集聚于北京，共商合并为中国国民党的会议。8 月 25 日下午，孙中山先生在北京主持了中国国民党成立大会。在这次会上与会者一致推举了孙中山、黄兴、宋教仁等九人为理事，李烈钧、阎锡山等三十人为参议，至此中国国民党在国内已成第一大党。孙中山先生让位于袁世凯之后，他不仅坚持宣传民生主义而且提出在全国十年内修筑二十万里铁路线的宏伟计划。李烈钧闻知孙中山先生正身体力行在全国南北实地考察铁路建设，意欲与孙中山先生见面，故借本省建设铁路之机商榷当前国内的时局。于是，他在 10 月初去电邀请孙中山先生来江西指导铁路建设工作。

孙中山接到李烈钧的邀请后欣然同意，他在 10 月 24 日晚上 10 时偕张继、马君武、王正廷等一行坐西昌轮到达江西南昌。李烈钧带领江西各界人士已在码头恭迎，孙中山一行下船后受到数百之民众的热烈欢迎。之后，李烈钧派林虎将军负责护送孙中山一行到百花洲陈列馆的行辕歇息。

次日，在江西商务总会举行欢迎孙中山先生来江西指导工作大会。李烈钧首先上台致辞，随后请孙中山先生讲话。孙中山在一片掌声中走上讲台作答词，并且讲述了"造成共和因果及国民应尽之责任"的精辟论述，博得了全场雷鸣般的掌声。第三天，李烈钧安排在两广会馆让江西的社会各界再次聆听孙中山的精彩演讲。演讲完后李烈钧请孙中山一行观看地方戏曲，他陪着孙中山先生边看边谈笑风生，氛围很融洽。第四天，孙中山在李烈钧的陪同下去赣军驻地视察。首先检阅了江西的陆、海两军，之后参观了军营、食堂、枪械库等处，孙中山看了之后对赣军的风采很满意。他当场就夸奖站在身旁的各师师长：你们带领的是一支威武之师。李烈钧也向孙中山先生表示：赣省的军民坚决反对袁世凯的独裁专制，我们将誓死捍卫民主共和，江西愿担负起创建民主共和制的革命大本营之责。此次，李烈钧盛请孙中山先生来江西考察铁路工作虽然才短短数日，但其真正的目的不仅是请孙中山先生指导铁路建设工作，而是以此事来扩大国民党的社会影响，树立起赣省民众对革命的坚定信念及旺盛的革命斗志来显示江西的革命力量。

孙中山这次去江西视察铁路建设一事，引起了袁世凯的关注且感到不安。他在此刻欲想绊倒李烈钧，可他又想到李烈钧毕竟是国民党内极具影响力且地位高的人物，要想对付他确实很伤神，不可蛮干须施一定的手段。于是，袁世凯想出了一招，乃以收买走卒之术从赣军的内部去搞垮李。不久，在北京的陈宧、蒋作宾为袁世凯推荐了余鹤松为去赣省的人选。袁世凯对余鹤松这个人还是了解的，他知余鹤松是李烈钧留日时的同学，且在赣军共过事，然重要的是余对李有不满之情绪。为此，袁世凯起用余鹤松来达成此目的。11月初的一天,余鹤松被召进了总统府。袁世凯就倒李之事向他面授机宜,两人谈定之后袁世凯拿出一笔钱给余鹤松作为"活动经费",分手时袁世凯拍着余鹤松的肩说:"老弟,江西的事就委托你了。"

余鹤松怀着自信由北京回到江西,他到了南昌后就直接去督府拜见李烈钧。在督府他向李烈钧转达了袁世凯对其的"仰慕之情",且说:"你如能赴京一晤,当以二百万元为寿,并且晋勋一位。"李烈钧听后算是明白了余鹤松的来意,这分明是来当说客的,要让自己表态效忠袁世凯那是绝不可能的。当即李烈钧回道:"此刻,我想的乃是为民主共和之国体建立勋业,岂能是那些丑角所能利诱的!"余鹤松见李烈钧一脸怒气、言辞激烈,顿时觉得很尴尬,不知所措,沮丧地离开了督府。

碰了一鼻子灰的余鹤松回到旅店,他想事前在北京设定的二计现在一计完了,便使上第二计。所谓的第二计乃是凭借他和赣军第二师师长刘世钧的私交关系,欲在第二师那些同情洪江会的官兵中策动兵变倒李。因为不久前,洪江会的几个首领被李烈钧处死,余鹤松就抓住这一点,用袁世凯给他的"活动经费"去收买这些官兵反李。这时候,刘世钧也明白余鹤松此来江西的用意,但他在一旁观望不去点明,且让其自然发展。12月10日晚上,余鹤松的前期工作已就绪,便去刘世钧处请他配合一下。他让刘世钧今晚发一个通知,第二师的官兵今晚带上武器去大东门外大教场开会,余下的事不用刘操心了。第二师的官兵接到通知后就去大教场了,那些已被余鹤松收买的官兵乘此机会分兵两路出发。一路去抢劫军械库,另一路直接去攻打督府。军械库的守备森严,所以乱兵一时无法攻进去;然而攻打督府的乱兵,由于得到了内应的配合很快攻了进去并且放火焚烧督府。李烈钧在动乱之前已有察觉,所以他提前离

　　　　　　　　　　　　　　　　　　　铁血将军李烈钧

开督府去了宪兵团且在那里观察事态的发展。当乱兵在街上肆无忌惮时，李烈钧命令驻城东南百花洲的第一师出兵围剿。第一师受命后派卓仁机率一个连速去督府平叛，卓仁机在途中遇到小股乱兵时，他下令士兵不要恋战只朝天鸣枪示警，随后赶到督府。卓仁机率队到了督府后命全连先包围，然后向督府发起猛烈进攻。在机枪火力的打击下不到片刻时间就冲了进去，一小部留下督府灭火，大部队继续追击溃逃的乱兵。

此时，李烈钧又令立即关闭城门采取"关门打狗"之策来消灭乱军，战斗至黎明已把这股乱兵全部抓获，无一落网。余鹤松见兵变已无望，便趁着夜色在混乱之中仓促逃出南昌。回说，此时的刘世钧也十分尴尬，他自感责任难逃又无法出逃，思来想去还是厚着老脸去督府请罪。当时很多将领主张把刘世钧押送军法处审理，李烈钧则念着其在九江光复时的功绩，没有把刘世钧送军法处而是让他留任原职。

余鹤松这次导演的南昌兵变倒李，李烈钧很清楚这一切的背后是袁世凯的所为。为了让袁世凯明白赣人是不会低头的，为此李烈钧以更强硬之态度回击袁世凯的"军民分治"，以示回敬。袁世凯倒李失败后很恼怒，曾一度想动用武力去铲除他这块心病。但心情平静后还是感到未到时机，所以他又拿起江西民政长这招作为打击赣省李烈钧的一个楔子，从而来牵制李烈钧在江西的霸主地位。

袁世凯此时心目中的人选是汪瑞闿，此人是清朝时江西候补道，又是江西武备学堂总办，更重要的他是李烈钧的老师。汪瑞闿这个人官瘾很大，当他知道袁世凯在物色赣省的民政长，又知李烈钧对设民政长一职持沉默，于是他去见袁世凯毛遂自荐且在袁的面前吹嘘他与李烈钧有着师生之情谊，这些话正合袁世凯的心意。不久，汪瑞闿得到了袁世凯的旨意去江西任民政长。他心满意足起程去九江，在九江等候袁世凯的任命书。李烈钧闻悉汪瑞闿到了九江，但不知他此来何意，便问欧阳武："汪老现在九江，说是要来南昌见我们，估计两天后能到南昌，我们是他的学生应该有所表示。"说完后，李烈钧去安排迎汪老的事。12月16日，袁世凯在北京公布了汪瑞闿为江西省民政长的委任书。李烈钧才知汪瑞闿是来江西任民政长，瞬间幡然醒悟，他气呼呼地对欧阳武说："难怪他迟迟不来南昌，就是在等袁世凯封他的那张任命书。他甘心做袁世凯的走狗，怎么能配当赣省的民政长。"说完，李烈钧下令停止已安排的迎汪瑞闿来昌的一切活动仪式。再说，汪瑞闿在九江多日总算盼来了任命书。次日，他兴致勃勃地动身去南昌。到了南昌城下见城门前一片冷清没有一点欢迎的迹象，他感到不对劲，但还是进了城步行到督府见李烈钧。此时，李烈钧怎么会去见他的这位老师？于是对欧阳武说："老师来了，你辛苦一下去大厅见他吧，说我正在处理紧急公务。"欧阳武回道："这样做不妥吧，我们已经没有出城迎接老师也够他难堪了。现在他主动来拜见，我看就算了，何必再气他呢，他毕竟是我们的老师嘛。"其实，李烈钧现在所表现出的姿态完全是为了日后让汪瑞闿不成为江西反袁的绊脚石，给汪提个醒而已。所以，李烈钧对欧阳武说："我们今天给他一个下马威，是为了以后不易让他就范也。"

这时候，江西各界人士对汪瑞闿任赣省民政长的反感比李烈钧还要强烈。督府的顾问徐秀钧、内务司贺国昌、司法司徐元浩、警察厅陈廷训、水上巡察厅蔡锐霆等人认为，中央任命各省民政长应该先与各省议会取得同意方可有效，然这次中央突然对赣省公布任命，完全是专制行为，万难接受。此时，汪瑞闿对江西这个局势很揪心，只得求助袁世凯，便去电表示要"入京面陈梗概"。可是，袁世凯给他的回复是要他马上就职上任。这段时间可以说江西与北京之间已经是各不相让，矛盾也在不断升级。先是陈廷训和蔡锐霆派出人员将电报局监管起来，禁止汪瑞闿用密码给北京发报。后在 12 月 28 日，陈廷训和蔡税霆又联络了一批人开会，在会上指责汪瑞闿是清朝官僚，不配做民国的官。同时通电全省，呼吁省内各界人士反对汪任赣省民政长。会后，组织民众去汪瑞闿的驿站，向汪施加压力且高呼口号"宁愿江西陆沉，不受专制压制"。这一系列的活动，虽然不是李烈钧所指使，但是他也没有去阻止，而是让事态顺其自然地发展。此时，汪瑞闿实在是无所适从，只好厚着脸皮去督府找李烈钧帮忙。李烈钧则表示会对此事关注的，可实际上他未下令阻止。

12 月 30 日，汪瑞闿闻悉陈廷训等人又集聚了三十多人，他以为这伙人要来驿站闹事急忙差人去向李烈钧报告且请求保护。李烈钧知道后派人去驿站见汪瑞闿且传话，原话是："再留南昌，恐会酿成大祸，为了你的人身安全，务必离南昌。"汪瑞闿原本就是投机顺手捞个省民政长的官位，想不到现在身临危险之中，于是他三十六计——走为上计，悄悄离开了南昌。他走后给袁世凯去电，电文："李烈钧身为都督，大而无当，即非主动，亦近纵容。赣省……不惮为反抗中央，破坏统一之罪魁，若再姑容……恐各省效尤而起。"

袁世凯见汪的来电后，对李烈钧这个蛮头咬牙切齿，心想迟早会收拾他。适逢九江海关来报，告李烈钧向日本买的两千余支枪现已被海关扣下，如何处置听候中央指令。袁世凯见报复的机会来了，他复电九江海关将这批枪支扣留入库，同时令海军派 6 艘军舰去九江监视，以防赣军强夺。李烈钧知道所购的枪械被九江海关扣压及北洋李纯的第六师已进入湖北虎视着江西，此时李烈钧显得很镇静，他对袁世凯的招数并未示弱而是严阵以待。

九江是江西北部的军事重镇，然任九江镇守使的戈克安已经暗中投靠了袁世凯。李烈钧对九江的状况很清楚，他知道当务之急乃是尽快解决戈克安这个隐患，为了控制住九江，他下令欧阳武率部由德安出发进军九江逼使戈克安下台。可是这个戈克安也不是等闲之辈，他仗恃手握重兵及背靠北洋军准备与李烈钧干一仗。李烈钧面对九江当前的局势，运筹帷幄从根源上去击垮戈克安。他把九江镇守使辖下的第九团和金鸡坡炮台的部队全部归都督府节制，这些部队都是李烈钧带出来的兵，他们自然听命都督且表示坚决执行。戈克安一下子失去第九团和炮团，瞬间兵力的削减，使他意识到没有了军力的支撑难以与李烈钧抗衡，既然如此还是尽快离开九江吧。

九江镇守使的职位空缺后，李烈钧给袁世凯去电提名俞应麓或刘世钧接任九江镇守使一职。可是袁世凯怎么会接受李的提名，当即复电："镇守使应由中央任命，现决定由李纯为九江镇守使。"袁世凯的此项任命李烈钧当然无法认同且表示前任九江镇守使是由九江督府任命的，现在理应由督府任命才顺理成章。一时间，为镇守使人选在中央和赣省间已是针锋相对、各持己见。此事也震动了全国，各地也在流传袁、李之间的战争已不可避免。

为了迎战袁世凯，李烈钧着手布兵排阵。他令赣南的蔡森第四旅、萍乡的李定魁第六团、九江的周璧阶第九团、湖口的李明扬第一团及林虎的第一旅调往瑞昌；伍毓瑞的第三团调往德安；刘稜的炮兵第一团调往永修；第四、第五两个团留守南昌。袁世凯知道李烈钧在赣北地区调兵遣将，他反而不采取军事行动了，改成以政治手段来欲夺江西。1913年2月，袁世凯派王芝祥、耿毅去江西，名义上是调停实际上是要他们去迫使李烈钧下野。袁氏在召见他俩时已经在谈话中流露出倒李的意思，这时山西的阎锡山派人送来一百坛汾酒和一千张羊皮给袁世凯。袁很得意地对一旁的耿毅说："阎百川近来真好，懂事多了也听话了。"接着又说，"李烈钧、胡汉民就是不听话，尤其那个硬头蛮子李烈钧，真不懂事理，还不自量力，我才不愿与他打交道哩。"此时，袁世凯说了这番话后他认为耿毅应该是听懂叫他去江西的使命，当然耿毅也明白其意思。临行前一天，耿毅又奉召去了袁府。袁世凯对他说："你同王芝祥去江西，我有个法子你照单去办吧。"说着从袖子里拿出一封信给耿毅。按官场的规矩，封了口的信件是不可当场拆开的。可是，耿毅知道此去江西的使命，为了谨慎还是现在当面讲清楚，所以他当着袁的面将信打开。此时，袁世凯很严肃说："信中四条是我的处理方式，你就照此去办。"耿毅见信中的四条意见，一、汪瑞闿任赣省民政长；二、扣留的枪支不准放行；三、蔡锐霆、陈廷训要严惩；四、李烈钧必须下野。耿毅对袁世凯说："总统既然已经设定好了，我也不必再去调解了。"袁听后诡秘地一笑也不作正面回答，只说："你很聪明，你明白了就好。"耿毅见袁的态度很生硬，便用缓和的语气说："我不聪明。我会照章程去处理，结果如何还需到了江西后再论。倘若调解走不通，就按总统的意思去执行。"袁听了后说："那么，你去江西先察看吧，有事来电商议。"次日，王芝祥和耿毅动身去江西。耿毅和李烈钧的关系甚好，所以为了让李烈钧及早知晓袁氏的伎俩，他借故摆脱王芝祥而分道赶往南昌。在赣省督府耿毅把袁氏那封密信给李烈钧看且说："袁世凯的主要目的是要你下台。我建议是否采取先假意答允袁的要求，让他先平复一下心情后给他去个电，可以这样说，赣省的军事力量雄厚，暂不宜强办。我们可趁电报的一去二回的时间差，设法把所扣在海关的枪支取回。"商定后，耿毅在3月8日给袁世凯去电。电文："江西拥护李某者尚众，现时不宜照办。请假以时日……汪本不合与情，似无使他到任的必要……在前清时，江西军队原本一旅，光复后多经变乱，枪支损失不少。现在陆军部既然已定赣省为一师一旅的建制，即便把所扣的枪支发还，所差尚多。若不发还，未免显得中央狭隘。如枪支发还，将来也是必为我用，似应饬海关放行……"袁世凯接到耿毅电后觉得有理，于是在 10 日复电表示同意。李烈钧有了袁的批示便到九江海关取回了被扣的那批枪支，枪支的事总算在耿毅的协助下解决了。关于李烈钧下野的事，耿毅以"假以时日"为理由也算是给袁世凯一个交代，从长计议嘛，余下的两件事就是九江镇守使和省民政长的人选了。这时候，王芝祥也到了南昌。在督府商议九江镇守使人选时，王芝祥提议耿毅来出任且袁氏也不会反对，果然提交到北京后袁世凯表示同意。这样就剩下最后的省民政长的人选了，适逢在北京的江西籍人士向袁世凯保荐了赵从蕃去赣当民政长。此人是个有名的老好先生，胆小怕事者。袁世凯因一时也不易找到中意的人，也就无奈同意了。然李烈钧对赵从蕃也了解，是一个没主见的人也就不会对赣省造成危害。如果再公开反对，也找不到合适的理由，于是由督府去电北京接受赵从蕃来江西任省民政长。同时，李烈钧为了表示诚意还汇上两千元给赵从蕃作为盘缠。3 月 10 日，李烈钧在督府召见了省议会的正、副议长，告诉他们督府同意赵从蕃来江西任民政长且要求他们现在回去就向议员传达。可是，这二位议长出了督府见天色渐暗商定传达一事放到明天上午，随后去了妓院喝花酒取乐了。次日早晨，报馆登出了北京政府任命赵从蕃为赣省民政长的报道。省议员听到这消息后顿时哗然，大骂袁世凯独裁并且强烈反对袁氏这道任命。此时，欧阳武怕事态闹大恐难收场便找李烈钧说："这次北京任命赵从蕃为赣省民政长的事你是认可的，你也吩咐议长回去即向议员传达赣省的态度。今天早上议员所发生的事，据了解是因为两位议长没有及时传达所造成，你最好出面去和议员说明一下情况。"李烈钧说:"这件事,我确实不宜去解释,如果向议员说清楚了,那么二位议长就会出现难堪的局面。现在不如让议员去闹一阵后再说吧,况且现在已民国,民意不可讳也,我们不应该去抵制民意。"欧阳武见李烈钧这个态度,也就不再说了。江西议员反对赵从蕃任赣省民政长的事传到袁世凯耳中后,他非常气愤地说:"李烈钧不是事前也同意嘛,现在又怎么反对了,真不可理喻,对他唯有武力讨伐!"至此,袁世凯要铲除李烈钧的决心由此彻底定下。

七　首举义旗　湖口讨袁

　　中国国民党成立之后，有着"宪法之父"之称的宋教仁先生，他致力于建立一个强大的国民党，希望以此为凭借，参加参议员竞选，获得参议院的多数席位，建立一个实行民主政治的内阁来维护和巩固新生的共和国。但是已经攫取中央大权的袁世凯，为了牢牢控制住国会而极力排除内阁和议会对他的限制，同时对议会中的国民党籍的议员进行威胁。1913 年初，国民党在国会选举中获胜。由国民党组建内阁，国民党人宋教仁出任总理已是指日可待。这对独揽大权的袁世凯就构成了巨大的威胁，他先是企图收买、软化宋教仁，遭拒绝后不惜采取卑鄙的暗杀手段，指使杀手于 1913 年 3 月 20 日在上海火车站暗杀了正准备乘车去北京开国会的宋教仁先生。李烈钧闻知后即刻致电国民党本部及各省国民党人，主张"根本解决"。同时，电告袁世凯。他在电文中警告："当此民国初建，如果有神奸巨蠹，必欲推倒共和，即为国人之公敌，赣虽械缺兵单，亦谨当以昔日推翻专制之精神，再随各省之后而拥护之。"4 月 8 日，国会开幕。李烈钧通电国会且指出：国会成立，应首先制定宪法。制定宪法，一要"保持立法独立不倚之精神"，二须"适合共和之真理"。并且

048　　　　　　　　　　　　　　　　　　　　　铁血将军李烈钧

坚持先制定宪法，再选正式总统。这份电文显然是针对袁世凯欲意控制国会而发，意在把袁氏拉下马。4月26日，袁世凯未经国会的同意而擅自向外国财团借款两千五百万英镑。

事情传出后李烈钧连发几份通电抨击袁世凯"蔑视国会，违悖约法"，并且愤慨表示："宁为共和之鬼，不为专制之奴"，纵然一死也绝不承认此种灭国亡种的借款。李烈钧能站出来高举民主共和之旗，不畏强暴坚持斗争的精神却遭到袁世凯一次次围攻。可是，李烈钧很坦然电告国人："民国缔造之艰难，烈钧紧随诸公之后，服务年余何尝不惜名，不爱国。"只是事关着共和之前途，未敢"盲从"，以此"开罪政府，诚所不免"。这一系列举动表示他一如既往，绝不为此改变革命党人应有的本色。正在日本长崎访问的孙中山闻知宋教仁遇害的消息，立即电告国民党本部，要求其认真查究宋案的真相。3月25日，孙中山由日本回到上海。当晚，他召集了各省的国民党重要同志在爱文义路黄兴的寓所开会。会上围绕着宋案一事是打还是谈的主题进行讨论，孙中山阐述了自己的观点，认为趁袁世凯现在未动手前，应该马上组织兵力兴师讨伐。然黄兴等人对孙中山的提议则持不同观点，黄兴认为目前南京的革命军基本上已经解散、裁汰，如果现在马上组建军队不太现实，况且需要时间来筹建，所以当前唯有"静待法律"解决为宜。在会上，李烈钧、陈英士、柏文蔚是坚决支持孙中山先生的主张兴师讨袁。可是，黄兴等一大批人仍然坚持不同意动武解决。两种意见争论不休，最后孙中山和黄兴还是达成了共识。一致认为湖南、广东两省的军队是握在国民党人手中可以让他们出兵讨伐，但还须得到谭延闿和胡汉民两位都督的支持。于是，去电谭延闿、胡汉民告知此事征求意见。结果谭、胡两位都督的回复也是主张以法律形式解决，既然现在没有足够的军力与袁抗争只得将讨袁一事先搁下。此时，李烈钧和柏文蔚认为武力讨伐袁世凯那是迟早的事，所以两人私下约定由赣、皖两省为讨袁基地，回去后就着手做好讨袁的战前动员准备。4月26日，袁世凯不经国会的同意擅自与英、法、日等五国银行签订了两千五百万英镑的善后大借款合同。借款的目的很明显，就是袁世凯为了充实军事力量去对付南方的革命力量。孙中山对袁世凯的这种鬼蜮伎俩是看得清清楚楚，从而更激发起他讨袁的决心。在借款合同签订的第二天，孙中山就通电表示反对善后借款并且在本党内再次提出讨袁的主张。可是，黄兴仍认为国民党现在的军事力量是无法与袁抗争，还是通过国会用法律手段去解决为上策。5月9日，黎元洪致电黄兴和李烈钧等四位都督，敦促以和平的方式来解决问题。黄兴在复电中表示："兴对于宋案，纯主张法律解决，借款一事必须交国会通过，始终如一。"李烈钧对善后借款不但在袁氏谈判时就通电反对且在借款成立后仍然义无反顾地坚持主张，他在5月5日与柏文蔚、谭延闿、胡汉民联名通电反对，接着在5月8日他在九江召开民众大会公开指责袁世凯、赵秉钧刺杀宋教仁的罪行且要袁世凯辞职听候审判。李烈钧的电文态度之坚决、措辞之尖锐，是其他各省所无法比拟的。欧阳武曾劝说李烈钧："凡是攻击袁世凯的电文，措辞不宜过分激烈，应该学蔡锷、唐继尧的文笔留有余地。"可李烈钧回道："国民党常有同志来与我说，现在党内很多同志都不肯说实话、硬话了，他们希望我这个李某人来讲，所以我才敢当仁不让，也就敢实话实说了。"袁世凯的借款就是向南方革命军采取军事进攻之准备，为此他才不顾全国民众舆论的谴责，当借款到手后便移作军费之用及收买议员来分化国民党中的那些不坚定分子。5月15日，袁世凯下令免去黄兴陆军上将之职，同时唆使北方七省都督通电攻击黄兴。然对李烈钧这位"硬头蛮子"，他则先造舆论，指使冯国璋向各省通

　　　　　　　　　　　　　　　　　　　铁血将军李烈钧

电，指责李烈钧"好乱乐祸，怙恶不悛"，随后又联名电请中央，罢免李烈钧都督一职。就在袁氏下达免职令的前两天，北京政府的参谋次长蒋作宾获此消息后在6月7日将这事透露给在北京的徐秀钧和王侃，徐、王得知后即刻密电告知李烈钧。蒋作宾乃是李烈钧在日本陆军士官学校的同学，他叮嘱李烈钧行事须谨慎，切勿贸然单独行动。现在可以先将赣督一职交于欧阳武，他去上海请示孙、黄二公。李烈钧在6月8日复电北京的徐、王且代转蒋作宾，同意他们的建议。

1913年6月9日，袁世凯悍然下令免去"桀骜不驯"的李烈钧江西都督一职。李烈钧马上通电表示："去留听之中央，我必不发一语。"6月10日，国民党本部电责北京政府。接着江西省议会也致电袁世凯要求收回免职令。此时，袁世凯是咄咄逼人全然不顾民意的呼声，不久他又免去了粤督胡汉民、皖督柏文蔚的督位。这时候，孙中山已经无法再忍下去了，他先后密令闽、粤、湘发动讨袁，可是胡汉民、谭延闿等人仍表示现在的军力不强而不宜出兵。孙中山在这三省碰壁之后，想到了已被卸职且反袁态度强硬的李烈钧，于是他派张继、马君武、邵元冲、白逾桓去江西见李烈钧。四人到了南昌后，马上向李烈钧传达了孙中山的意思。此时，赣省的国民党人也在劝说李烈钧举兵反袁。省议员杨赓笙的言辞尤为激烈，说："协和兄，不要交卸，立即起兵讨袁吧！"然李烈钧的心态很淡定，他对杨赓笙说："咽冰兄，中央免吾职，乃是意料中事不足为怪。吾即起兵，世人或以争位恋栈见疑。袁氏违法，重袭帝制，须以民意讨之。而且讨袁必须宁、皖、鄂、湘、粤、赣联合并举，仅赣省一隅恐难图功。现在我须去上海见中山先生商榷而定，这样做也可迷惑袁逆。"李烈钧打定主意后，先去了湖口。在湖口他和周璧阶、李明扬、卓仁机、耿毅等密谋讨袁，从现在开始筹备粮饷，构筑工事，做好起义讨袁前的一切准备。李烈钧交代完后，坐船东下途经安庆时他下船去会晤柏文蔚。柏文蔚原先因本党内对讨袁意见不一致而感到失望，今日与李烈钧一番交谈后自信又来了，决定暂不交出兵权且愿意在安庆等候李烈钧与孙中山见面后的佳音。

李烈钧和柏文蔚分手后，坐上"安丰"号继续东下于6月中旬到达上海。孙中山知道李烈钧已来到上海很兴奋，他马上召开了第二次讨袁会议。在会上孙中山再次强调必须武力讨伐袁世凯，与会者总算通过了孙中山武力讨袁的提议。当孙中山问谁愿意首先发动起义时，在场者无人表态均默不作声。李烈钧见此状态实在是无法再忍受下去，便站了起来大声说："我愿意在江西首发起义讨伐袁世凯"，并且表示这次讨袁如果南方各省都出兵讨袁，他可以从袁世凯手中夺回江西乃至胜利。孙中山见已经卸督的李烈钧在此关键时刻能勇挑重任、有担当，心里十分欣慰。此刻，会议室的气氛也打破了之前的沉寂而变得活跃起来，大家都说，今日之事非协和先生莫属也。李烈钧也慷慨地说："当仁不让，万死不辞。"话音刚落，大家一致公推李烈钧为讨袁军总司令。散会时，各省都督跟在李烈钧的身后，边走边连声说："此事，只有协和先生，只有协和先生。"

次日，李烈钧和日本同学山中峰太郎一起去了黄兴寓所。他和黄兴对起兵讨袁的事做了进一步的磋商，并且把在江西湖口事先拟订的作战步骤及兵力配备计划征求了黄兴意见，两人经过周密细致地研商后，达成了共识，由李烈钧先潜回江西集结部队且宣布江西独立，把袁世凯的注意力引向江西；黄兴在南京趁势把在江宁的第二、第八两个师策动出来，增强革命军的力量，同时发动起义夺回南京。

1913年7月8日，李烈钧由上海抵达湖口，何子奇已派水巡队的吴楚蕃、余帮宪驾着小艇在湖口的下首迎李。

这期间袁世凯也没有闲着，他令驻湖北武穴的北洋第六师李纯先派一个团过江，李纯接令后派 24 团进驻江西九江，扼守江西的西大门，江西的战争可谓一触即发。

李烈钧到了湖口后马上召集旧部方声涛、何子奇、周璧阶、吴安伯、李明扬、卓仁机、杨赓笙等人开会，拟定起义讨袁事项及作战部署，会上决定成立江西讨袁军总司令部且公推李烈钧为总司令。接下来，李烈钧任命方声涛为讨袁右翼军司令，林虎为讨袁左翼军司令，夏之麒为参谋长，杨赓笙为秘书长。其兵力部署：林虎率苏世安的第一团、杨祖时的第二团布防德安至瑞昌一线；伍毓瑞的第三团二、三两营驻防九江；吴安伯的第四团驻德安—吴障岭一线；王国华的第五团驻德安；李定魁的第六团两个营驻九江，另一个营驻德安；周璧阶的第九团及金其昌的独立营与卓仁机的机关枪队驻姑塘；李明扬的第十团一营驻姑塘，另一个营驻湖口；水巡队全队集中在湖口；刘稜的炮兵第一团驻永修；夏尚声的第七团驻南昌；欧阳武都督坐镇省城。作战总体方案设两条防线，第一条防线由瑞昌、沙河、九江、姑塘至湖口；第二条防线是德安、永修、吴城。会议结束后，各路将领返回指定的位置进入战态。

7 月 11 日，李烈钧在湖口致电南昌电局曾经理请代转欧阳武都督，行政公署，省议会，商会，各公团，各报馆。电文："钧密，袁世凯违反约法，蹂躏民权，破坏共和，实行专制，种种不法行为，难以枚举。兹复无故派遣重兵，扰乱赣省，实堪痛恨。烈钧养疴沪滨，痛含桑梓，特回赣随同军界诸君，声罪致讨，诸祈赐教。李烈钧真。"以表讨袁之态度。1913 年 7 月 12 日，江西讨袁军在江西湖口宣布起义，正是"云雾气蒸迷日月，波涛声撼震乾坤"。此时，湖口炮台的大炮台也鸣炮庆贺，大有气壮山河之势。同时，讨袁军发布了檄文："民国肇造以来，凡吾国民莫不欲达真正共和目的，袁世凯乘时窃柄，帝制自为，绝灭人道，而暗杀宋元勋，任腹心爪牙之把持，近复盛暑兴师，蹂躏赣省，以兵威劫天下，视吾民若寇雠，实属有负国民之委任，我国民宜亟起自卫，与天下共击之！"

江西讨袁军在正式宣布起义之前，各部已经集结进入战时状态。左翼军司令林虎指挥的第一、二、四团由沙河去攻击驻九江十里铺的袁军；右翼军司令方声涛指挥的第三、九两团及一个独立营和机关枪大队由姑塘进攻九江城南的袁军；湖口守备司令何子奇指挥的第十团和水师部队坚守湖口炮台要塞。在赣军中方声涛那支独立营，虽是新编部队，但是在该营中的多数军官都来自于保定军校和云南讲武堂因而有很高的军事素养。如蒋光鼐、张廷辅、杨益谦等均在该营任下级军官，连队的士兵在他们的带领下使整个营的战斗力成为赣军中的王牌。回说7月8日，在林虎的沙河防区发现袁军在该区测绘地形，便扣留了两名测绘的袁兵且电告在南昌的欧阳武都督请示如何处理。欧阳武给林虎的复电：悉李纯部已进九江，战端不可轻启，你们不宜开第一枪。7月11日拂晓，左翼军司令林虎再次电告欧阳武，告知沙河防区已经遭到袁军的攻击，为此我已下令讨袁军迎战反击了。沙河地区的战斗打响后，讨袁军将士士气旺盛、所向披靡，凭借地形的稔熟狠狠打退了袁军多次猖狂的进攻。战斗鏖战至午前战况起了根本性变化，此刻的袁军已被讨袁军打得无法招架而狼狈逃到赛湖，讨袁军乘胜追击且占领了瓜子岭。此仗讨袁军仅以一个连的兵力，不仅守住了阵地，而且转守为攻，短短数小时就击败了袁军。讨袁军俘敌百余人，缴获了枪支四百余支，毙敌连长一名、排长五名，可讨袁军只伤一人。沙河一仗的胜利是湖口起义的首战，首战告捷极大地鼓舞了江西讨袁军的士气。江西打响了讨袁的第一枪后，孙中山也在积极推动各省的响应。7月15日江苏响应，7月18日广东、安徽响应，7月20日福建响应，7月25日湖南响应，8月4日四川响应。一时间全国一片沸腾，群情激昂。但是这一切举措也局限于口头上的声援，各省没有派出一兵一卒去江西战场。江西的讨袁军只能是孤军奋战，可是袁世凯还在继续不断增兵攻击江西。7月14日，李烈钧发表了"讨袁军对党团公启"且向全国的国民党人发出援助的呼吁。"公启"表示："……袁氏帝制自为，务期破坏共和，与全国为公敌，横恣无道，倒行逆施，国民之被其虐者，至惨至酷。烈钧等目击颠危，诚不忍诸先烈铁血所创之共和民国，断送于独夫民贼之手。是以率父老子弟，投袂奋起，不惜以危弱之赣与专制恶魔对垒挑战，为全国创。……然以区区之赣，而欲悉以恢复共和之责任界之，则强弱之势悬殊，虽竭其能智，识者有以知其难。……赣省之战，为巩固共和战，为表示国民反对专制战，是非赣省一部，分之责任，全国国民共同之责任也。……烈钧等兵力虽微，然师出之日，已矢决心，有死无二。……赣军一部，当效前驱。民国存亡，在此一举。沥血陈词，不尽悬盼，军旅旁午，匆请勋安。江西讨袁军总司令部李烈钧、林虎、耿毅、方声涛、彭程万叩。"8月22日，袁世凯为了征服江西的讨袁军，他下达了"讨伐令"。以段芝贵为江西宣抚使，统领李纯、马继增部进攻江西；令郑汝成、汤芗铭率领海军的"楚豫""楚谦""楚同"号军舰炮击湖口炮台。同时，责令在武昌的黎元洪负责袁军部队及军需物品的总调度，确保江西的战事。在袁军的陆、海两军重兵压境下，九江、湖口的双方军事力量瞬间起了急剧变化，这对江西讨袁军来说将要面临更残酷的恶战。江西的战事先说一下九江地区：在讨袁之前，袁军李纯已派两个营进驻九江城南。当时，在九江城内有赣军李定魁的第六团属下两个营和第三团伍毓瑞的两个营，也就是说九江城内是赣军和袁军共处一池，形成了对峙态势。7月12日，伍毓瑞按李烈钧指示约上刘世钧、刘士毅、李定魁及督府顾问张文通一起秘密会晤商议趁李纯的增援部队未到九江前，迅速将九江城内袁军的两个营歼灭以改变战局。经商议后决定以第三团的两个营，第六团的一个营去解决城南的两个营袁军。此仗如果能胜，讨袁军就可以沿庐山开赴德安协同林虎的左翼军攻击袁军的侧面，使其腹背受击，这样讨袁左、右两翼军并举，一鼓作气歼灭来赣的袁军。会上诸将都表示同意，并且约定次日拂晓由李定魁的一营开赴与第三团会合出击。可是次日晨，李定魁失信未派一营去会合点。当伍毓瑞知道李定魁已变节后，战机已延误，他急令本团的第三营撤往湖口，第二营退出九江往德安待命。李定魁的叛变使原定计划彻底被打乱，九江的战事就此未战而溃。再来说姑塘地区：姑塘是攻击九江的右翼，指挥官是方声涛。他的前锋指挥是第九团周璧阶团长，预备队指挥是机关枪队卓仁机队长。他们的任务是进攻九江城东的袁军，原定计划是与进攻城西的林虎部在7月12日拂晓同时从东、西两面发起攻击歼灭城里的袁军。可惜的是讨袁军的计划虽然制定得很周全，但还是跟不上变化。由于部队在行军途中遇到水路运输上的困难，使部队没能在预定的12日晨到达指定位置而延迟到13日深夜才到，只能在次日14日发动进攻。

但是，战事瞬息万变，差一秒都不行。就这两天的时间发生了根本性变化，一是左翼军因李定魁的变节，城内两个营的讨袁军不得不撤出去九江；二是李纯的增援部队已经到了九江。在这种情况下对讨袁右翼军来说无形中增加了压力，周璧阶所率领的第九团向九江的袁军阵地发起一次又一次的猛冲猛打，但很难突破袁军的前沿阵地。

周璧阶见此状况再也坐不住了，他手握指挥刀亲自上阵冲锋在前。袁军见一位头戴金边军帽，肩佩金领章，胸前挂着参谋带的军官冲在队列前，于是认定是位将军便集中火力向他射击。

正值周璧阶团长挥刀直冲袁军阵地前，他被袁军密集射来的子弹击中，身边的士兵急忙把他抬下阵进行抢救，可惜因多粒子弹穿过他的心脏而停止了呼吸。周璧阶团长阵亡的消息传出后，失去指挥官的士兵一下子崩溃了不是后退就是投降了袁军。这时候，第三团伍毓瑞带领从九江撤出的本团第三营万勋部与南昌调来增援的吴懋松第二营一起前去增援周璧阶团，经过阵前的血拼算是保住了阵地，准备休整一下再组织进攻。

讨袁军在姑塘地区奋战了十多天后，本拟俟机转取攻势向前推进。可是传来湖口东炮台也失守了，讨袁军第一条防线的失守导致两翼军全线撤退。伍毓瑞也不得不放弃阵地向吴城退去，不料又传来吴城也被袁军占领，伍毓瑞只能去山下渡。此时，方声涛的右翼军也被打散，他则带着独立营向鄱阳、上饶方向撤去。

再回过来说湖口的战况：由于姑塘的讨袁军攻击失利导致湖口西炮台失守，剩下的东炮台还在守备司令何子奇手上。何子奇继续与袁军的军舰炮战，几天炮击下来炮台的大炮炮膛已经发热至歪侧已无法再装炮弹了。余下就是几门小炮然射程只在六七千米，这些炮是十九世纪德国克虏伯工厂制造的都已六七十年之久的产品，陈旧不堪。可是袁军军舰的大炮射程均在一万米以上，军舰可以停泊在江中稳稳炮击。东炮台守军几天战斗下来也精疲力竭了，炮台虽然还在手上但是已经弹尽粮绝。袁军的步兵在军舰炮火的掩护下前进，而下游十里处的柘矶的讨袁军只有两个机枪连，没有重炮火力怎么能挡住数倍于己的袁军，战斗仅两个小时由于防线长兵力又单薄最终还是退出了防区。这时候，马当炮台又出问题了，部队哗变投靠了袁军。江西讨袁起义自首战告捷之后，战况一直处于低谷状态非常被动，军事力量的天平已开始倾向袁军。此时，李烈钧的心情很沉重，他为了战局稳定军心，命令炮兵团团长刘稜一定要守住吴城的望夫亭，封锁湖面争取到时间来调整战略战术。可是，刘稜团长因判断失误中了袁军一计而失去了良机。缘故是袁军施诈将士兵伪装成难民模样上了民船，刘稜以为是民船没有下令炮击。等到民船靠岸后这些"难民"突然发起猛烈进攻打了袁军一个措手不及。这时候，方声涛虽然下了拼死阻击的命令，但是为时已晚，讨袁军已无抵抗之力，唯有弃阵后退。当时战局的实际情况，可以说讨袁军已面临四面楚歌，陷入非常被动之地步，由湖口、九江败阵下来的讨袁军确实乱了方寸。林虎率部经奉新、修水准备退往湖南，方声涛则带着独立营向饶州、广信方向撤去，刘世钧部也向江北皖省奔去，余维谦、赵又新两位旅长下落不明，失去了联系。现在会集于山下渡至涂家埠的讨袁军有何子奇、伍毓瑞、李明扬、卓仁机、吴懋松、万勋等部，李烈钧见身边只留下这些爱将心里很难受。为了抗击袁军他命令伍毓瑞指挥讨袁军在修河南岸边休整边构筑工事，想凭借此自然天险与袁军决战。这时候，传来了南昌的消息。李烈钧得知后一阵心凉，意识到要出大事便告诉诸将，现在南昌由于欧阳武突然出走，宪兵司令廖伯琅和警察总监阎恩荣有叛变之嫌。为此，此刻必须回南昌查明实情。他令吴懋松随己先去南昌，伍毓瑞率大部队跟进，同时在樵舍至乐化一线构筑工事加强防御力度。此刻，李烈钧为什么要放弃修河南岸的防御非要去南昌呢？这不仅是南昌宪兵司令廖伯琅有叛变之意，更为重要的是身为一省之长的欧阳武在这非常时期不顾全省民众的安危只身临阵脱逃，使江西瞬间失去了政治中心且影响到江西讨袁的战局，这才是李烈钧最痛心之处，也是他要回南昌的理由。8月10日深夜，李烈钧到了南昌。他见城门紧闭，城楼上的守兵向城下喊道，"廖司令有令，宵禁了，不准开城门。"李烈钧听后是火冒三丈即令士兵越墙而上，城门打开后李烈钧策马直奔督府。他进督府后证实了先前的消息，欧阳武确实走了。此刻他真没想到欧阳武会在关键时刻掉链子。次日，伍毓瑞的大部队到了南昌。李烈钧马上委任他兼任南昌卫戍司令，同时委任吴懋松为江西讨袁军独立旅第一团团长，万勋为第二团团长。随后，调整好的讨袁军在顺化门大校场举行出征誓师大会来鼓舞士气。会上李烈钧说："勖免全军将士奋勇杀敌……"他的一番激昂讲话后使军心大振，讨袁军旋高呼口号，踏着有力的步伐开赴牛行第二道防线，万勋部在樵舍架设浮桥以利交通运输，讨袁军已严阵以待迎战数倍于己的袁军。欧阳武弃南昌而走，江西不可一日无主。在李烈钧的协调下赣省各界人士开了座谈会，会上公推伍毓瑞为代理赣督主持江西政务。次日，李烈钧在督府会见上海记者说："作战不力湖口、吴城先后失守，以致深入重地与君相见，且使父老昆弟受惊恐，此鄙人之重罪也，鄙人实无以对吾省人士。"记者复慰以胜负实乃兵家常事，随询本次入城之用意。李烈钧为了安定民心，特在8月11日颁发了第一张安民布告。告文："照得国以民为本，民赖官为抚。前闻本省各机关官长纷纷出省，居民未免惊疑。本总司令眷念桑梓，即于昨日带队伍入城，安抚居民，维持秩序。城内外居民人等，务须照常营业，毋得惊惶。本总司令在省一日，即当协助卫戍司令勉尽一日保护之责。如有造谣生事，劫夺财物，强买勒索及扰害治安者，定即从严拿办，立予枭示，本总司令言出法随，决不宽贷。"江西的民众见李烈钧重返章门，虽感欣慰但也怕以南昌为抗击袁军的战场，人心难免不安。此刻李烈钧清楚百姓所担忧的事，所以他在 8 月 15 日又发出第二张安民布告。告文："本总司令此次来省府，实为安抚吾民。……嗣后一切保卫商民，维持秩序，仍由卫戍司令负责。本总司令稍事部署，一两日内当开赴战场，决不以省城为战场，免致惊恐闾阎，损伤财产，商民等务各安分营业，慎勿惊扰，自贻苦累。倘有不法之徒，藉端滋事，扰乱地方，一经拿出，军法从事。"第二张安民布告出台后，安定了民心且博得了江西民众的拍手称赞。再说前几日上海记者采访李烈钧后，在 8 月 23 日的《申报》上发表了采访文章，题为《李烈钧返赣时之状态》。文章报道了李烈钧在讨袁军事上失利后郁闷的心情，也阐释了李烈钧在讨袁中敢作敢当、威武不屈的精神，同时也给后人留下了那段历史的缩影。1913 年 8 月 15 日，在樵舍的讨袁军以四、五营的兵力抗击着袁军一个师。经过激战之后，讨袁军终因众寡悬殊、弹尽粮绝，不得不弃阵退到牛行最后的防线。伍毓瑞及时将危情告知在南昌坐镇的李烈钧，适逢湖南的谭延闿此时来电劝李烈钧马上离开江西来湘。李烈钧面对时下的残局心里很痛心，自感现在已到了无法挽回再战之力了。身边的部将也都劝他还是先撤出南昌，留得青山在就不怕没柴烧。在这情形下李烈钧决定撤向湖南，他偕何子奇、李明扬、卓仁机、邓祖禹等人坐上快轮离开了南昌。8 月 18 日，袁世凯的李纯部占领了南昌。这意味着一场轰轰烈烈、可歌可泣的讨袁战结束，江西讨袁军以一省之兵力抗击北洋大军虽然战败了，但毕竟打响了武力反袁二次革命的第一枪，也在中国史上书写了光辉的一页。这位反袁先锋李烈钧，也在国人的心目中永载史册。

八　亡命日本　计图再举

1913 年 8 月 21 日，李烈钧一行到了樟树镇。这时候，湖南的谭延闿已经派唐蟒由湘来到赣专程接李烈钧赴湘，唐蟒是唐才常的长子。他在樟树镇见到李烈钧后说，"我奉谭延闿之命带部队护送你去湘，部队已经在萍乡，请你速行。"李烈钧说："谢谢，知道了。你先回萍乡，让部队先住下来。"之后，李烈钧一行继续向袁州走去。一路上，李烈钧将随行和一路走来收容的散兵分批资送回家，现在身边的人是越走越少了，所带的钱也基本上散尽了。

8 月 27 日到了临江，休息时耿毅见李烈钧独自在桌前凝视着桌面上那张军事地图便悄悄走到他身边问，"现在有什么打算？"李烈钧似乎没有听见耿毅说的话，而自言自语地说："我们的这些兵怎么听到大炮的响声就变得那么惊恐，不知所措不听指挥呢？这次惨败，真是惭愧也。现在兵也没有了，只剩下光杆司令，什么时候才能再战呢？"站在他身边的耿毅又大声说："既然已经走到这一步了，不如现在先找个安身之处，等待时机。况且，谭组庵在电报上说他在长沙已经为我们安排好一条退路，并且派兵来护送，我们不能辜负他的好意嘛。"李烈钧还是未作回应，一个人站在桌前口里念着："如此结束战事，实乃对不起国家，对不起家乡父老，惭愧……"

8月28日晨，李烈钧一行到了袁州。见到城里似乎是刚被抢劫过，秩序混乱不堪。当李烈钧一行走到街的中心时，见巷内有一群老百姓正捆绑着一名士兵，便走了过去。这时巷内的老百姓中有人认出过来的一行人中有李烈钧，于是大家围了上去且把那士兵押到李烈钧面前让其处置。李烈钧仔细听完老百姓的申诉后，知道是散兵来此抢劫便问士兵你知罪否，士兵点了点头。李烈钧认为士兵知罪了，于是命令士兵朝前走。士兵没走几步停下回转身跪下说，李总司令你就在这里执行吧。李烈钧点了点头，随即拔出手枪当场击毙了那士兵。围在一边的群众都亲眼看到这场面而拍手叫好，有些人早闻李都督治军严明，今天算是目睹了。晚上，李烈钧一行人住宿在袁州银行。行长知道李烈钧身上的钱已经散尽了，便说："行内还存有现洋两万余元，票子十万余元，不如你都带走吧，这样你们在外也能维持一阵。"李烈钧说："我们这次讨袁失败了，已使江西父老深受战祸的痛苦，我已经万分惭愧了。如果再把江西的钱拿走，不是更添罪孽被百姓唾骂吗？这笔钱还是存放在银行吧，为江西留一点元气吧！"行长见李烈钧坚持不要，又解释道："你们不带走，袁兵来了也要被抢去！"可是李烈钧仍然谢绝了，且说："这是个人天良，我不能顾及他人的行为了。"李烈钧和袁州银行行长的一番对话后，又勾起了压在他心中那沉重的心事。他想：这次在江西举兵讨袁，反对独裁应该是光明磊落、申明大义的一件事。现在战败了也不能销声匿迹，应该对国人有一个交代，须通电全国表示一下态度，这才是政治家的本色。于是，他叫耿毅起草一份电稿说明此意。电稿经他修改后发出，电文先述讨袁大义，再叙战争过程，最后把讨袁军遣散，不危害百姓，不扰乱地方。结尾："赣军败矣，嗣后共和与否，一凭袁氏天良，铁血共和，谁负维持之责，区区之忧，尚祈亮察。"在这份电文中不难看出李烈钧在此次讨袁失败后，他心中最大的牵挂是仍惦记着中国的民主共和制。

在离开袁州前，李烈钧让耿毅、唐蟒两人先行去萍乡，再由萍乡去湖南长沙探摸那里的情况。耿毅、唐蟒到了长沙后便分头活动，收集相关的资料。有一天耿毅在街上偶遇了山中峰太郎，山中先生是李烈钧败退湖口时让他去南京与黄兴联络且汇报江西讨袁的战况的。这次两人在长沙街上相见，心情格外激动，交谈中耿毅知道黄兴在 7 月 29 日已离开南京去上海了。当时山中先生没有随黄兴去日本，而是惦记着李烈钧的安危又撤回了长沙，继续寻找李烈钧的下落。耿毅带山中先生去见唐蟒，他们三人合计如何尽快将李烈钧安全接到长沙。

9 月 15 日，袁世凯发出了通缉孙中山、黄兴、李烈钧等人的通缉令且在长沙的大街小巷贴满了告示，以 20 万元悬赏捉拿李烈钧。耿毅看到告示后，感到事态很严重，他马上与唐蟒、山中先生商议应该要行动了，不仅要赶紧离开江西而且要在长沙尽快疏通各种社会关系以设法将李烈钧送往日本。

他们由长沙来到江西萍乡，四处打听李烈钧的下落。最后在萍乡的郊外山林中的一间小木屋里见到了李烈钧。耿毅把长沙近期所发生的事告诉了李烈钧，并且劝其马上离开萍乡去长沙。为了确保李烈钧在途中能安然无恙，耿毅提出要李烈钧把留了多年的胡须剃掉，这样不易被人认出，可是李烈钧执意不肯剃须。他在辛亥革命时留须至今，"李胡子"的外号由此而来。

一时间，大家都拗不过他，只好选择避开人群多的大路绕道小路进城。他们一行潜入萍乡火车站时见一列去长沙的火车刚刚启动，于是迅速上了列车。9月下旬，李烈钧一行终于安抵长沙。之前，山中先生以《朝日新闻》报的记者身份，去日本驻长沙领事馆找领事松井先生谈过，请其襄助将李烈钧安全送往日本。松井领事听了山中峰太郎的介绍后，知道了李烈钧的身份且答允了山中先生的请求。领事准备用日本的货轮送李烈钧去日本，同时为了保密，请李烈钧来日本领事馆住下等候船讯。在长沙的谭延闿一直很关心李烈钧的安危，当他知道日本友人山中先生已经把事情妥善安排好后也就放心了。李烈钧到长沙后，谭延闿派卫士去护送李烈钧去日本领事馆，由于李烈钧事前未知实情便问护送的卫士，"为什么带我到日本领事馆？"护送卫士没有正面回答，只是说："谭延闿和湖南军政司长程潜马上过来，请将军稍等。"片刻后，谭延闿和程潜来到日本领事馆，李烈钧见到老友很激动，连忙招呼坐下。在交谈中才知山中先生已经和日本领事松井先生商定好了，由日本领事馆出面保护，让其避开袁军的抓捕安然去日本，李烈钧对此当场表示感谢。大家聊着聊着李烈钧又把话题移到这次讨袁上，他感到这次讨袁失败是由本党不团结所造成的。接着他以坚定的语气说："袁贼想称帝殆梦耳。吾党同志此次虽败，也应当共同努力将袁等歼灭之也。"大家表示赞同。8月25日，上海《申报》为湖口起义写了一篇短评报道题为《弔李烈钧》的文章。文章中有一段："……李烈钧之拒汪而绝赵也，假手省议会，倚仗各报纸，发碰指示，气焰之熏天，炙手可热。即其出章门而入湖口，共和再造，革命重光，几几有饮马长城，气吞燕北之象，意气之间，抑何壮也。……"

不日，山中峰太郎对李烈钧说：日本领事松井先生已经安排好日本三井物产公司，由他们负责用"武陵丸"号货船先护送你出长沙，随后再换其他货轮去日本。上船之前，山中峰太郎向李烈钧提出要求，就是叫他这次必须把胡须剃掉方可上船。因为长沙城内外都有袁世凯的密探和军警活动，他们四处在抓捕革命党人，然而他的胡须实在太显眼极易被密探认出。李烈钧仍坚持不剃胡须，可是山中峰太郎这次也非常坚持必须剃须方可上船。后经大家再三劝说，李烈钧才松口同意，但有一个条件。他说："当下林虎估计还在江西没走出来，赣省现在又在袁军手上，林虎很难脱险离开江西。我们为了让林虎早日摆脱险境，依目前我们的状况是无能力去营救，现在唯有用谋略去试一下。我有一个想法但需要山中先生的配合，你可否化装成林虎的模样现在立马回日本造成林虎已在日本的假象。日本现在的东京、长崎两地肯定有袁世凯派去的密探且不少，这些密探会四处活动寻找从中国去的革命党人。你设法让袁氏的密探误认你就是林虎，这样在北京的袁世凯就会在第一时间收到他派去日本密探的报告。当袁知道林虎已在日本，他就会下令在赣的袁军不必再搜寻了，这时林虎有机会离开江西。"大家听后认为这个想法可行，山中峰太郎当即表态愿意，李烈钧也兑现了承诺剃去了他留了多年的胡须。三天之后，李烈钧身穿便服上了"武陵丸"号货船。轮船行至汉口时，李烈钧想上岸会友人。船刚停泊在码头上，李烈钧刚要下船时突然被一名日本船员上前拦住，并且说："李将军，请留步不能下船。黎元洪已在码头上布置了军警正在抓捕革命党人，为了你的安全请回船房。"

晚上十时，一艘日本小火轮悄悄靠上了"武陵丸"号。此时，李烈钧已扮成病人模样由日本人搀扶着下船换到小火轮向停泊在刘家庙的"野村"号军舰驶去。次日晨，"野村"号军舰驶向大冶。李烈钧在大冶住了五天后，又上了一艘日本的运煤船向长江下游航行。船到九江时，船长怕袁军上船检查，也为了李烈钧的安全，请其委屈忍耐一下先在煤仓里躲一下。此时，李烈钧的失落感是可想而知的，如今落难到要藏身在煤仓里之窘境，情不自禁地忆起当年伍子胥出昭关的那段典故想必也是一样。船行至湖口江面时，船长请李烈钧走出煤仓，他稍作清洗后上了甲板且深深透了一口气。船长问他："对岸就是你举兵讨袁的湖口炮台？"李烈钧点了点头，目光遥望着对岸的炮台不由浮现出鏖战的场景不胜感叹。现在部队都打散了，也不知方声涛、龚少甫等部将是否撤出江西了。船过马当后，船长告诉李烈钧现在已过了赣界，往下的航程就安全了，他可以好好休息一下。三天之后，这艘日本运煤船出了长江口驶向日本。

1913 年 10 月，李烈钧安抵日本。在他来之前已先期来到日本的国民党人有孙中山、黄兴、胡汉民、柏文蔚、居正、陈其美、廖仲恺、李根源等。这些同志因匆忙离国身上所带钱数不多，到日本后生活上很拮据。孙中山这时候也是囊空如洗，居住在日本友人头山满的家。是时国民党内对这次讨袁的看法并不一致，在孙中山和黄兴之间也产生了意见分歧。孙中山认为：二次革命的失败主要是本党党员不听号令且已成一盘散沙所造成。当时，二十几个省的都督中国民党人就有八位掌握着二十几万军队；在国会议员中国民党人也占多数且是第一大党，在各省的议会议员中也同样占优势。可是二次革命才两个月时间就败了，这不是袁世凯兵强马壮，而是本党已人心涣散。黄兴对失败的原因也作了分析，他认为当时起兵讨袁的条件不成熟，加上仓促准备造成失败。在党内有不少人则把失败归咎于黄兴，在这个问题上李烈钧则表示不同意将责任推到黄兴一人身上。他说："国民党改组后，事权不一。二次革命的失败，怎么能让黄兴独负责任？辛亥革命后，同盟会中有些老同志利欲熏心都在争夺都督，一时间闹出无数个野鸡都督，这些人趾高气扬、自由行动不受党纪的约束，这难道也要克强（黄兴，字克强）同志负吗？"陈其美原先的观点也是认为黄兴没有按照孙中山的建议及早做好准备，所以才贻

　　　　　　　　　　　　　　　　　　　铁血将军李烈钧

误了战机，导致二次革命的失败。但他听了李烈钧那番言辞后，心里虽不服气但他熟知李烈钧的秉性，是个敢作敢为之人，如果现在与他争论不会有好的结果，甚至会更糟，也就不作声了。

1913 年底，国民党的中下级军官有千余人也来到日本，他们被讨袁失败的阴影所笼罩而沮丧。李烈钧为了安置这批同志的日常生活起居，把谭延闿给他的十余万元生活经费全部交由李根源、殷汝骊，让他们在离东京二十华里的大森新井宿处办起了一所军事学校，同时还办了一所法政学校，校门口挂着木牌书写"浩然庐"三个字。这两所学校安排这批年轻军官在学校学习和生活，学校的学习课除了日语外都是军事课程，讲义采用日本陆军士官学校的教材，还特聘了士官学校的教官来执教。这两所学校虽然只办了一期，但能让这些同志在异乡摆脱生活上的困境，同时也有了一个良好的学习环境。

孙中山在日本这段日子也在不断反思，思考着如何振兴国民党继续反袁这个问题。他认为袁世凯不出五年必定会称帝，所以本党必须尽快改组来增强党员的斗志，为此他提出本党更名为"中华革命党"。新党规定，要"摒斥官僚，淘汰伪革命党"，新《党章》按资历将党员分三类。《党章》第十一条规定："凡于革命军未起义之前进党者，名为首义党员；凡于革命政府成立之前进党者，名为协助党员；凡于革命政府成立后进党者，名为普通党员。"在第十二条规定："革命时期之内（指颁布宪法以前），首义党员，悉隶为元勋公民，得享一切参政、执政之优先权利；协助党员，隶为有功公民，能得选举及被选举权利；普通党员，隶为先进公民，享有选举权利。"新《党章》还规定，革命时期先实行"军政时期"继之实行"训政时期"……关于党名更改，以黄兴为代表的同志不同意此做法，他们认为同盟会会员在辛亥革命之后以"革命元勋"自居，已经被别人嫉视，因此不应该再有党内差别。关于入党誓词和手续的问题，孙中山认为："第一次革命之际及第二次革命之时，党员皆独断独行，各为其是，无复统一。"因此，在新党章中规定，入党者要立誓效忠孙中山，并且在誓约上须按指印模，这个规定一出台在日本的革命党人中立刻引起了强烈的反响。黄兴、李烈钧等人认为，按指印的做法不妥，是对人的一种侮辱恐难接受；而"服从孙中山"个人，会损害个人的自由。由于黄兴、李烈钧等一些重要人物都不愿接受入党须按指印的做法，致使新领导人员的产生出现困难。新党章中领导机构的规定设有协理一职，黄兴是此一职位最佳人选。现因黄兴不愿意按指印而他未入新党，该职位就空缺了。孙中山便提议，凡当过都督的同志也可以参选协理职。可是，目前曾担任过都督的五人中，李烈钧、陈炯明、柏文蔚三人因不愿意按手印方式入新党而未加入，而胡汉民、陈其美两人虽然入了新党，但他们都表态没有能力来担当此重任。这种结果使新党的协理一席只能暂时空缺下来。在这次会上不愿意以按手印的方式入新党的老同盟会会员不少，这些同志中有人提议要拥戴黄兴另组党派的倡议，一时间会上是纷争不一。这时候黄兴为了防止党内的分裂，他坚决不同意另建党派的举措并且耐心说服这些同志，让其一时的激动情绪尽快稳定下来。同时，他作出了赴美国考察的决定，给党内的意见不一致状况留出一个缓冲时期。此时，李烈钧和柏文蔚对党内两种意见的纷争状态感到痛心。散会后，两人在私下交流时认为现在党内绝不可闹分裂而是要更加精诚团结，这才是本党的唯一出路。为此两人达成了共识，在日后适当的时候负起孙中山与黄兴之间关系融合的责任。

　　1914 年夏，黄兴离开日本赴美国考察。此时，李烈钧也想去欧洲考察一下。一是因为他是袁世凯所通缉之人，所以在行动上受到约束；二是想去欧洲见见世面。适逢这时他的母亲来到日本自然要陪伴，为了避开日本政府对他的监视，他和母亲在长崎一家不显眼的旅店住下。

不久，李烈钧获知近期有一艘货船要去南洋，他感到机会来了，便通过日本友人的指点找到了那艘货船。他上船见到船长便说明来意且递上名片，船长看了名片知道站在眼前这位就是李烈钧，便热情招呼请他进船长室。两人一见如故，聊得很愉快，船长欣然答允且无须办理任何手续带他离开日本。李烈钧感到船长挺爽直，连声说："谢谢船长！"事后，李烈钧才知船长乃是自己的日本好友头山满先生的挚友，难怪船长对他的事那么清楚，那么上心，乐意帮忙。1914年秋，李烈钧搭上了这艘货船由日本的长崎去了香港，住在一家日本人开的旅店。他到香港才几天就被日本驻香港的领事发现他的行踪，并且电告了日本长崎警署，报告李烈钧已在香港请示如何处置。可是长崎警署给香港的日本领事回复称，李烈钧现还在长崎。日本驻香港领事见回复一下子懵了，也就不再去追究了。在香港的李明扬、吴锡九、卓仁机等人知道李烈钧已在香港，便去旅店见李烈钧。李烈钧见到这些昔日的战友很高兴，同时把他的计划全盘托出且约同欧洲之行。一周后，得知有一艘法国邮轮近日去新加坡，于是李烈钧托人去买船票做好动身准备。南洋各地的华侨甚多且拥护共和制的人不少，他们知道李烈钧一行的到来，都纷至沓来拜见且组织欢迎大会请李烈钧讲述国内的大事。在南洋停留的日子里，李烈钧和当地的华侨常聚在一起促膝谈心，相互交流探索革命的真理，他向华侨宣传建立民主共和之思想受到了华侨的崇敬与爱戴。在槟榔屿，他亲笔书写了两幅条幅送给南洋华侨，一幅"我不入地狱谁入地狱"给了源水先生；另一幅"力挽狂澜"给了螺生先生。从两幅题字中可以看出，李烈钧对民主共和革命之信念始终坚定不移。孙中山获知李烈钧在南洋，便派李守城、杨赓笙去南洋。一是组织中华革命党南洋支部；二是关照李、杨二人尽快和李烈钧取得联系且转达他对李烈钧寄予很大期望。李守城和杨赓笙在槟榔屿见到了李烈钧，他俩向李烈钧转达了孙中山对其的期望之意。李烈钧听后也表示："益感总理之相期远且大，而图报之心益切。"但是在盖指印后入中华革命党的事，李烈钧仍坚持保留意见暂不考虑加入中华革命党。在南洋逗留了一个月后，正好有一艘去法国的邮轮，于是李烈钧告别了南洋的同志搭上这艘邮轮去了法国，这次随他同行的还有陈炯明、马素夫妇。邮轮中途首站停靠印度的加尔各答，船靠岸后李烈钧一行下船上岸。他们游历了当地的名胜古迹，考察了当地风俗文化，不由感慨万分，领悟到世界文明如此之浩瀚，犹有未彻底解放之民族存焉。

当地的华侨中有不少人参加了民党，当知道反袁斗士李烈钧到来时，民党领袖王志远带着民党同志来景区会晤李烈钧，且进行了广泛的交流。数日后邮轮起锚继续西行，船经红海驶入苏伊士运河边上的埃及停靠。李烈钧一行下船后去了西岸上的古埃及金字塔，他们站在金字塔前见其建筑之宏伟气势，感叹其无与伦比。由于船停靠码头时间有限所以没有更多的时间再去尼罗河畔观赏而返回码头上了船。邮轮向西北方向行驶，途经意大利西西里岛处的地中海海域时，李烈钧站在甲板上远眺着埃特纳这座欧洲海拔最高的活火山，远远欣赏火山喷火之壮观，叹为观止！不久，邮轮行至法国南部的马赛港终点站。他们下船后换上去巴黎的巴士，到巴黎城已是晚上，便找一家旅店住下。初来乍到的他对这里的一切都感到陌生，尤其是语言障碍导致他们无法与法国人交流，整日待在旅店不敢出门，似有与世隔绝之感。这时，久住巴黎的张继等同志倒是常过来聚聊，这对他来说一来能够解闷；二来在聊天过程中使他对法国的社会状况多少有点了解。李烈钧在巴黎已住了一段时间感到久住旅店开销大，又无法出门与人交流，他正在发愁时接到好友张静江的邀请搬到其在巴黎近郊处的一幢楼房居住。李烈钧安顿好新居后，他将随身所带的几万元钱存放在张静江所办的通运公司。同时，他为了让跟随其多年的战友能在异国学习到欧洲先进的科学知识，他派卓仁机去英国学习无线电专业，李明扬则去了德国学习飞机制造。他和吴锡九等一些文人留在法国，经过一段时间他意识到要想融入法国社会就必须攻克语言关。于是，他开始了啃读学习法文，几个月坚持下来已经能用简单的语句与法国人沟通交流及浅读些报刊文章，在这基础上他又借助字典来强化学习，没多久就能阅读有关法国的军事、政治、外交方面的书籍。经过努力李烈钧已突破了语言上的障碍，经友人引荐他与法国的政界人物有所接触，且通过交流互换意见使他对当前的国际动态有了更深的见解。在空闲时李烈钧也会约上几位好友去巴黎这座历史古城游览名胜古迹，他们参观瞻仰拿破仑等历史杰出人物的墓地，由此而想到欧洲文艺复兴时期，及对之后那段历史有了认识。7月上旬，德国在莱茵河畔上举办了世界博览会。李烈钧知道后欲去观看，一来能见到在德国学习的李明扬；二来见识一下国际先进产品。他到了德国后就去观看世博会，还未等博览会结束突然爆发了第一次世界大战，在这情形下李烈钧决定去英国。当时在英国有一批有志的中国留学生，他们思想进步常会去海德公园聆听无党派人士吴稚晖先生的演讲。海德公园的事李烈钧也有所耳闻，便带上何子奇、李明扬、卓仁机去海德公园见吴稚晖先生，意欲交流一下。李烈钧见到吴稚晖彼此寒暄后李烈钧谦和地问道："欧洲大战爆发，东方必将有事，吾等应该如何？"吴稚晖说："日本与袁世凯必有勾结。君等皆系军人，自应速回东方。我乃无政府党，欲在西方，拭目以俟机会，愧不能与君同行也。"李烈钧听后感到与己之想法不谋而合，由此更坚定回国报效之念，决定尽快东返。12月5日，李烈钧给南洋华侨燊南、源水、螺生三人去信，信中提道："吾侪今日叙述要点，第一须结合大群，用温和方法指导国人，以至诚之心团结同志。弟或须联络可恃并中立军队，破坏反对军队，务求有进可以战驻可持久之实力。二次革命演成今果，欲谋三次，万不能再有失败，即不能不稳立根基。否则，随便动手，已易招国人轻视，又适增贼党声威。此钧战战兢兢，不敢看事太易，尤深欲勉为其难也。"从信中可以看出李烈钧因二次革命血的教训及流亡日本、欧洲这段日子的磨炼已经成熟了，他那最初的革命斗志未减，但对国内斗争的策略考虑更加周全了。他提出"团结同志，指导国人"，意在联络更多的军队以"稳定根基"等一系列主张。1915年1月，日本政府向袁世凯提出了"二十一条"条款。在条款中不但要在中国的东北、山东持有特权，还要控制中国所有的港湾、岛屿、路矿，甚至派出顾问来监控中国的政府部门。袁世凯为了巩固其独裁统治唯有依靠日本财力的支持，所以他全然不顾国人的反对，在这非常时期仍派出代表与日本代表进行丧权辱国的谈判。

在海外的孙中山为了阻止"二十一条"条约的谈判，委托在日本东京的柏文蔚去联络各地的同志筹划反袁行动，柏文蔚在第一时间联系到黄兴和李烈钧且告知孙的意思。1915年春，李烈钧正准备动身返国时不巧张静江的通运公司因受到欧战的影响而导致公司歇业，这就造成了李烈钧存放在通运公司的那笔存款一时间无法兑现，在这种情况下回国的路费落空了。这时候亏得有几位好友的热心赞助，才算是凑足了回国的盘缠。

时年5月，李烈钧一行人告别了在巴黎的同志乘上由法国开往安南的邮轮。安南即是现在的越南，地处东南亚的一个小国，属于法国的一个殖民地且与中国毗邻。李烈钧想如从安南北上就可以直接进入中国云南，早点与唐继尧会面商议起兵讨袁大计。李烈钧一行在安南的西贡下船后，他们刚上码头就被当地海关人员误认为亲德分子而被拿下禁闭在海关警署的一间暗房内。马素、韦玉是与李烈钧同船来到西贡的，见他现在被海关人员所关押，一时虽不知所措但冷静后马素跟韦玉说："莫急，君无忧，我有锦囊妙计。此事虽棘手但也不难解决。你我都是孙中山的法文秘书，对李烈钧也熟，理应相救。你母亲是法国人，不如以此身份去和海关人员说明其由，我身上凑巧有份近期出版的《巴黎日报》，报上正好有李烈钧在法国发表支持法国反对德国侵略行为的文章，并且在这份报上还附有李烈钧的照片，我们以此理由去澄清事实。"于是，马素和韦玉去海关向海关人员解释，他俩与海关人员用法语交流，关系瞬间就拉近了。海关人员听了他俩的叙述及看了那份《巴黎日报》后知道了李烈钧的身份，立马消除之前对李烈钧的误解，且态度也转变了，为了表示歉意，海关还特意设宴款待李烈钧一行。在宴席结束时，李烈钧向海关提出一个请求，能否通融让其由安南入境中国？海关对他的请求似乎有为难之处，一时没作回答，李烈钧见此状况也就不再问下去了。

这时候，正好有一艘将要去香港的轮船，李烈钧决定上这艘轮船先去香港，日后寻找机会再去云南。

九　冒死入滇　护国讨袁

1915 年 6 月，在香港的李烈钧再次到新加坡寻找入滇的机会。新加坡位于马来西亚的南端，扼立在太平洋与印度洋的咽喉处，是一个天然的海上交通枢纽，所以各国的时事新闻在这里传播就显得格外灵通，中国的那些新闻在当地的华人间传播尤为快。

李烈钧与同行来到南洋的余维谦、彭程万、熊公福、周贯虹等人一面积极联络当地的华侨，向他们宣传反袁立志共和之言论，同时介绍华侨子弟去云南讲武堂学习军事来报效祖国。其间，李烈钧遇见了知音，一位当地华侨小学的校长郑女士。郑女士乃是上海大家闺秀，早年就读于上海女子学校，是一个品行兼优、慷慨爽直的学生，后来到了新加坡。她和李烈钧结婚后，伴随夫君在南洋开展革命活动，且为李家育一子，名赣鹏。不久，李烈钧赴云南发动护国讨袁，郑夫人患病去了上海医治，不幸在 1917 年病故于上海后葬于江西武宁罗溪乡祖茔。郑夫人的葬礼由夫人华世琦一手操办。

8 月上旬，袁世凯的美国顾问古德诺在《亚细亚日报》上发表了《共和与君主论》一文，他在文章中宣扬"中国不适宜共和"之言论。此文章发表还不到一周时间，杨度、孙毓筠、严复、刘师培等人发起"筹安会"支持在中国实行君主制的论调。在杨度的积极策动下各省也出现了拥戴袁世凯为皇帝的呼声，这使袁世凯沾沾自喜。然袁世凯所炮制的君主制完全是逆历史之潮流，这场闹剧的出台遭到全国民众的强烈反对。

孙中山对袁世凯的称帝行径也在第一时间作出反击，他号召革命党人应该站出来勇敢与袁世凯作坚决斗争。同时，他写信给李烈钧希望他能尽快回国组织讨袁军。孙中山为消除李烈钧对其的歧见特派杨赓笙与李烈钧会晤，且承诺可以不按手印加入中华革命党。

此时，李烈钧所考虑的事乃是在何地发动起义讨袁为最有益。李烈钧感到二次革命之后，除了云南、贵州、广东、广西四省外都在袁世凯所控制下，所以他必定会对这四省采取惯用的政治手段，用金钱爵位去收买拉拢这四省都督，首先会选择广东的龙济光。李烈钧的政治嗅觉告诉他，龙济光必会投靠袁氏；然广西的陆荣廷此人与革命党是心猿意马；剩下的就是黔、滇两省可以选择讨袁起义之地，但是在两省中他认为还是云南为佳。理由之一，云南军队中的中、下级军官大多数是当年李根源和自己的学生，他们都受过多年的革命思想熏陶；其二，滇军的重要骨干李根源、罗佩金、黄毓成、赵又新、顾品珍等人都是同盟会会员，也是他的同学或同事；其三，二次革命后，从江西过来的革命党人被收容在云南讲武堂充当教官或学生，这些军事骨干对提高滇军的整体素质起到了关键作用；其四，云南有自己的兵工厂，每月能制造三千支步枪，二万发子弹的生产规模。当然，云南也有弱处，那就是地方财力不足，是个贫困省份。辛亥之前，云南都是靠清廷每年的财政拨款维持全省的生计。民国后，省府虽然可以截留部分盐款、锡税，但是也为数无几。

李烈钧根据上述云南的实际利弊状况，他认为经济上的薄弱一环可以托海外的华侨资助来弥补，这个缺口应该是没有多大的问题。

李烈钧经过慎重之考虑后更坚定他在云南发动讨袁起义，同时他还想到了一个关键人物——滇督唐继尧，然唐继尧虽是一位老同盟会会员，也是李烈钧留学日本的同学，但因此事重大还须事前给他通个气。

李烈钧为了探明唐继尧此时的政治态度，10月上旬他派人由新加坡把一幅刺有"西南保障，国家柱石"的刺绣送到昆明督府。两周之后派去送刺绣的同志来了回音，他说唐继尧已经愉快收下且表示了谢意。李烈钧领悟了这位老同学的心思，于是他派方声涛先行到昆明联络同志及察明动态。方声涛到了昆明后住在黄毓成家，并且以黄府作为联络点展开活动。滇军将领罗佩金、赵又新、邓泰等人也常聚在黄府和方声涛共同密商起义讨袁事宜，方声涛知道在滇军中有很多官兵对袁世凯称帝非常气愤，同时也知晓唐继尧至今尚未有动作。这时候，吕志伊受孙中山的委派也到了昆明并且联系上方声涛。于是，方声涛便召集大家来黄毓成家议事，议论主题乃是唐继尧在起事的问题上究竟是阻力还是助力。经一番争论之后，大家达成了共识，且设定了三个方案：一、唐继尧如果反对帝制，我们拥护他为起义领袖；二、唐继尧如果持中立，我们礼送他出滇；三、唐继尧如果附和帝制，我们就杀之。其实，此时在昆明到处有袁世凯的密探在活动，唐督也只能在暗中进行策划活动。10月19日，唐继尧在滇军警卫混成团的本部秘密召集了团长以上的军官会议，主题就是讨伐袁世凯且用无记名投票的形式投票表决，结果是全票通过兴兵讨伐袁氏阻止其称帝。接着在11月13日唐又召开秘密会议，在这次会上拟定了起义的具体事项。在这非常时期可以说革命党人和唐继尧都在暗中谋划讨袁事宜，只是他们之间出于谨慎没有通气而已。当唐继尧知道方声涛等人已经在黄毓成家多日之后，去了黄毓成家与革命党人会晤，且各自阐述对中国目前局势的看法，同时对袁世凯称帝之行为表示谴责并一致表明共举讨袁大旗之决心。这时候在昆明的袁氏探子也没闲着，他们把探到革命党人聚会活动的事电告了袁世凯，袁世凯感到云南必会出乱事，他立即派专使赶去云南监察，同时急调军队开赴云南边界。12月初，李烈钧和陈泽霈、曹浩森、吴吉甫、周世英、韦玉等人坐船由新加坡到了海防。上岸后，见一排法国警察站立岸边，李烈钧见这个阵势不知何故便请韦玉前去接洽。后才知是远在法国的张继，是他要求法国内阁通知在安南的法警保护李烈钧由安南入境云南。所以岸边站立的法警是奉命前来保护他的，这场虚惊之事很快传开，附近的华侨闻讯赶来迎接，且妥善安排李烈钧住行。两天后，李烈钧来到老开（老街）边境准备进入云南。李烈钧在去老开之前已经派张维义先行去昆明并且带上他的亲笔信去见罗佩金，请罗佩金将此信转呈滇督唐继尧。

张维义到了昆明后，正遇上袁世凯的专使在城内抓捕革命党人，他为了躲避抓捕一时无法联系上罗佩金。正在他烦愁时巧遇到吕志伊就把信委托他尽快交给罗佩金转呈滇督。唐继尧见信后马上叫他的胞弟唐继虞赶往安南迎接李烈钧且打电报到香港告知李烈钧。可是李烈钧此时早已离开香港了，所以未知唐继尧给他的电报，同样唐继虞也未得到李烈钧的回复，真可谓阴错阳差。

再说，在老开的李烈钧此时估算着唐继尧该看到给他的信了，所以才按推算日到了老开。可现在老开关口监督对他说，唐督未来电放行你入关。这一下李烈钧真愣了片刻，自想是否是唐继尧有变数。一时愤怒之下给唐继尧一电，电文："此来为国为兄，今在老开已多日矣，三日内即闯关入滇，虽兄将余枪决，向袁逆报功，亦不敢计也。"

李烈钧这份电报发出的次日上午，关口监督给他送来唐继尧的复电，电文："良朋远至，将莅昆明，造福至大，匪可言宣，尧喜迎公，特不敢预有表示，兹派舍弟继虞躬迎，愿稍候之。"李烈钧看完电报后，脸上露出了笑容，总算是解开了心中的疑惑，精神顿时振奋。

其实，唐继虞也因未见李烈钧回复而正赶往香港迎接，他在去港途中才知李烈钧已经在老开了，于是急忙调头去老开。在李烈钧收到唐继尧电报的第二天他到了老开，见到了李烈钧，两人彼此寒暄之后便一起过河口进入云南且在 12 月 17 日安抵昆明。这天，方声涛、黄毓成、罗佩金等人带领云南讲武堂师生，早些时候已在车站列队迎接。李烈钧下车之后，就直接去了老友黄毓成家。

次日上午，唐继尧来到黄毓成家会见了李烈钧等人。大家直接进入主题，唐继尧说："协和兄，我这里已经做好一切准备，只等兄来共举义旗。今天就请你们去忠烈祠与滇军的重要军官见面，共议讨袁起义的计划。"会上熊克武、方声涛也发了言，滇军的军官此时情绪非常激昂，大家认为以云南现在的军力可以扛起护国讨袁这面旗帜。加上李烈钧这次带来了南洋华侨捐献的四十多万元及大批军械和充足的粮饷，真是雪中送炭。

此时，云南讨袁的士气可谓燎原，烈火瞬间即可点燃。在云南各界摩拳擦掌之际，李烈钧已让秘书长钟动起草了《讨袁檄文》，檄文中历数了袁世凯的二十罪。檄文："国贼袁世凯，赋性奸黠，犹潜伏戎羽，隐持朝野；毒害勋良，谣惑众志，造作威福，淆撼国基；癸丑之役，遂有讨伐之师，天未悔祸，义声失震，曾不警省，益复放横，骄弄权威，胁肩廊庙，是以小人道长，凶德汇征；国宪之立，系以三权，共和之邦，主体在民，立法之府，谊尤尊显；硕德良能，民望所归；昆仑山下，谁非黄帝子孙？逐鹿中原，会洗蚩尤兵甲。"文尾："布告天下，迄于满、蒙、回、芷、青海，伊犁之域。中华民国护国军政府都督唐继尧、第一军总司令官蔡锷、第二军总司令官李烈钧。"檄文完稿后，就秘密送至香港李根源处，由李根源送到报社登载。次日晨，这份报纸就在国内的报刊上登载，一时间在全国各阶层引起了极大的震动。原在北京的蔡锷也摆脱了袁世凯的监视逃离北京，由天津上船潜赴日本再由日本经台湾转去云南。船至台湾时不料被当局扣押在船上，台湾当局欲将蔡锷遣回北京。蔡锷如果被遣送回北京，那他的性命就难保。幸得李烈钧事前已获知蔡锷抵达日本，为了确保蔡的安全，他急电侨居日本东京的台湾富商蔡智堪予以安排且护送其去云南。

蔡智堪是一位老同盟会会员，他和李烈钧的关系甚密。蔡智堪凭借和日本朝野多有交往，经他的斡旋后很有成效。他一面通过挚友日本司法省大臣尾崎行雄的帮助；另施展"银弹"攻势，以八千银圆贿赂了水上日警，将蔡锷从船上救出再换上蔡智堪预置的南洋侨商蔡德善的轮船安全到河口再入云南。这次若没有李烈钧事前的一纸电文相救，恐怕蔡锷即便是逃出北京，但是能否顺利回到云南也还是一个未知数。1915 年12 月19 日，蔡锷到达昆明。唐继尧在 21 日召集了蔡锷、李烈钧、方声涛等省内外重要人士参加的紧急会议。在会上大家一致通过以唐继尧和云南巡按使任可澄的名义宣告云南起义。接着在 23 日夜，唐继尧、任可澄发出反帝制的电文，要求将杨度等十二位拥帝制元凶"即日明正典刑，以谢天下，焕发明誓，拥护共和"，并以云南军民"痛愤久积，非得有中央永除帝制之实据，万难镇劝"为词，限 25 日上午十时之前答复。在同日，唐继尧、任可澄、蔡锷、李烈钧也以同样的电文联名通电全国，告示天下。12 月 25 日上午十时，袁世凯拒不答复。于是唐继尧、蔡锷、李烈钧通电全国，宣布云南即日独立。之后，云南将领在昆明的五华山将军署大礼堂举行会议。会上通过了起义讨袁誓词，各人签名后大家歃血为盟，当时的场面很壮观。他们按照民国元年旧制恢复都督府且以唐继尧为都督组织云南军政府，设军政府由都督全面掌管军政事务，起义军称为"共和军"。关于在起义领导人职务上，唐、蔡、李三人间都在相互谦让。后经过协商之下，蔡锷任第一军总司令官，李烈钧任第二军总司令官，唐继尧任第三军总司令官。这三位的谦让之事在云南当时传为美谈，也被民众并称为"云南护国三杰"。

12月26日，云南军政府召开各界人士大会。这一天各界人士代表几百人，穿着整洁的衣服、精神焕发站列在都督府门前广场，青年学生手持松柏花环，花环上写着"拥护共和 申讨叛逆"八个字。正午十二时，大会开始由唐继尧上台宣布云南正式独立。李烈钧和蔡锷先后上台讲话，随后是各界代表发言表示拥护云南独立。最后大会在"中华民国万岁""共和军万岁""云南军政府万岁"的高呼声中结束。12月27日，在护国寺举行特别会议。会上通过设置军政议会和练兵处两个机构，一切事都须先由军政议会决定，再交总指挥执行。会议进行过半时，李烈钧提出一个建议就是"共和军"的名称很易使国人误以为是共和党一派的行动，然这次举义讨袁是为护国，正巧我们现在就在护国寺开会，可否将起义军更名为"护国军"？与会者对李烈钧这个提议都表示赞同。

此时，梁启超也在昆明且参加了这次讨袁起义。他是共和党人，也是蔡锷将军的老师，是一位有名望的文人。唐继尧为了尊重这位大文豪便将李烈钧令钟动起草的讨袁檄文给他过目指教。梁启超见檄文中有写到共和党的事也略加修饰。唐继尧再把梁启超修改过的檄文与李烈钧商洽，李烈钧见讨袁檄文的主旨未变也就没有反对梁启超的修改，但他的原稿已在几天前送至香港李根源处，委托其马上送报社且已刊登了。

27日下午三时，护国三军在昆明北校场进行誓师大会。护国军相约：一、绝对不争权利；二、不作亡命之想，如果战败，只有全军战死。

云南各界民众非常支持这次云南举兵讨袁，民众不仅在宣布独立的这一天欢呼庆祝，而且在之后数十天里整个昆明城都沉浸在一片欢乐祥和之中，每条大街小巷都张灯结彩，街坊、商铺也高挂国旗，张贴对联，一派祥和之景象。

再说护国起义的宗旨就是用武力去推翻袁世凯的"洪宪"帝制，但在战略目标上采取何种军事路线去摧毁袁氏军队的事上，唐继尧、蔡锷、李烈钧三位领袖各有主张，彼此间的见解也不完全一致。唐继尧为首的滇军主张：全军通过贵州去控制湖南，进而夺取武汉进军中原；蔡锷主张的作战方案：以护国军主力全力进攻四川，再战中原；李烈钧则主张：以护国军主力攻取两广，由江西进入武汉，并且认为东南各省，民精物华，富庶可用，交通便利，甲于全国。所以，他希望"全力注射，力争胜着"。

当时，情况复杂，形势紧迫，所以没有再多的时间去作讨论，仓促之下大家决定采纳唐继尧的"两策并用，三路出师"的方案；也认可蔡锷出师四川领护国第一军出征四川；同时，大家也赞同李烈钧的主张，尽快组建护国第二军出征两广。

护国第一军出征四川之后，护国第二军才开始组编。在组编的过程中兵源乃是最需要也是最难解决之问题，李烈钧与云南都督府经过多次商榷、协调下，督府成立招募新兵机构在昆明开展征兵工作。同时，滇督唐继尧决定把驻在文山的滇军张开儒部调回昆明，所旅归属护国第二军建制。在这段时间，李烈钧把主要精力花在各级军官的人选上；此外还派出人员去四乡开展招募新兵工作，经过多方的努力配合招到了大批的青壮年农民入伍，建军已初具规模。

附：护国第二军部人员表

职　　别	姓　　名	字（号）	籍　　贯
总司令	李烈钧	协和	江西武宁
参谋长兼续进军司令	何国钧	干丞	云南宣良
挺进军司令	黄毓成	斐章	云南镇沅
参谋长	成桄	谷采	江苏泰兴
参谋	周贯虹	—	江西丰城
参议	蒋群	君羊	江西九江
参议	余维谦	地山	江西金溪
参议	何子奇	—	江苏徐州
参议	李华英	小川	云南大关
秘书长	钟动	辟生	广东梅县
秘书	谭兴兹	—	云南
秘书	熊公福	—	江西宜丰
副官	李炳荣	—	湖南
副官	彭学游	—	江西安福
副官	陈泰源	—	江西吉安
副官	卢钊	宁生	江西赣县
副官	刘子英	—	江西武宁
副官	余德辅	树森	江西南昌
副官	朱兆真	正卿	江苏宝应
粮饷局局长	吴照轩	镜寰	江西九江
医务主任	侯泽民	公念	广东梅县
瞭望所所长	李明扬	师广	江苏徐州
瞭望所副所长	卓仁机	西斋	广东中山
炮兵团团长	鲁子才	子舟	云南
第一梯团团长兼第三师师长	张开儒	藻林	云南东川
第五旅旅长	李天保	—	云南宣良

职　别	姓　名	字（号）	籍　贯
第三十六团团长	曹浩森	—	江西都昌
第三十七团团长	戴永翠	—	云南东川
第六旅旅长	盛荣超	德辉	湖南长沙
第三十一团团长	杨德源	—	云南
第三十二团团长	洪鹤年	—	云南
第二梯团团长兼第四师师长	方声涛	韵松	福建福州
第七旅旅长	朱培德	益之	云南安宁
第三十三团团长	杨益谦	竹君	云南楚雄
第三十四团团长	万　舞	熙春	江西抚州
第八旅旅长	伍毓瑞	肖岩	江西南昌
第三十五团团长	赵德裕	谨修	云南
第三十八团团长	张怀信	—	云南
团附长	熊式辉	天翼	江西安义
营长	张治中	文伯	安徽巢县
营长	吴懋松	竹青	江西九江
营长	赖世璜	肇周	江西石城
营长	陈学顺	培支	云南
营长	王　均	治平	云南宜良
营长	胡国秀	—	云南武定

护国第二军出征前，李烈钧深知此行关系到护国发展的前途，责任重大，决心"横刀跃马，竭股肱之力"去夺取胜利。他以护国第二军总司令的名义发出通电，电文中："……浔阳鼙鼓，正气未伸，怅念前途，愧谭往事，今何幸而西南奔走，得随义麾，为国杀贼，必偿素志。然因一人之藐法，迫成兄弟之阋墙，俯念及此，又复怦然。所望举国贤豪，共张大义，歼除元恶，早固邦基。谨贡愚诚，为民请命。"这份电报足以

表明他出征师直为壮之心情。

地处边陲的云南高举义旗讨伐袁世凯，可谓平地一声惊雷响彻全国，确实让袁世凯头痛。但是，袁世凯毕竟手握重兵，绝不会因区区一省的起义及几份通电就此罢休。他凭着拥有陆军十二个师，总兵力在三十五万以上的军事力量还怕些什么，碾压护国军可谓绰绰有余。袁世凯面对护国军的二路出征，他采取了应对措施。首先调动大军去迎战；其次在政治上去分化云南的护国军，妄图收不战而胜之功。李烈钧针对这位老对手是熟路轻辙，为了揭穿袁世凯的鬼蜮伎俩他又发了一份电报。电文中痛斥袁世凯的卖国罪行。在电文的结尾再以讥笑的笔锋揭示其奸恶道："阁下拥兵数十万，方豪夸雄强，骄睨不世，果内不自恶，尽可相见疆场，奚鬼蜮为耶。"从电文的言辞中可见李烈钧的反袁决心与气魄。

同时，他在这次参与云南起义的筹划过程中也看到了共和党的力量非同小可，然以孙中山领导的中华革命党参与者则不多。根据这些状况李烈钧以他的务实行动来斡旋于各派系间，并且表示中华革命党愿意和反袁的各党派同心同德、共同奋斗。

为此，李烈钧以通电的形式来阐述其意，电文："……惟是癸丑挞伐之师，反成独夫豺虎之欲，虽由当时人心不一，实乃吾党诚意未孚，烈钧发未能收，愧视父老，流离在外，耿耿此心。……烈钧疲驾，辱荷提携，顾念前誉，愧汗且逆。……今者既得效命疆场，得当报国，亦惟有奋力前进，掬诚相见，视死之日，如生之年，期于无负公等平日之所督责期勉而已。区区之心，唯亮察焉。"

这段时间袁世凯没有闲着，他也在拟订征滇大军分三路出击的计划。然最初的计划是想让北洋军的一路取道广西阻击护国军，可是此计划被广西将军陆荣廷所拒绝，再有就是广西的民众也反对北洋军入桂省，所以他想到了广东的龙济光可以为他所用。当时在上海的《中华新报》上载登一文章，说的就是广西全省的商会联合声明请陆荣廷转呈给袁世凯。电文："令袁军勿入桂境，以免与护国军在广西发生战事。"袁世凯收到陆荣廷转来的电报后，心里虽不爽但他顾忌到强行借道是有不妥，很有可能会引起广西民众闹事，于是才换了手法下令忠于他的广东将军龙济光，由他率粤军去云南平定护国军。龙济光其弟龙觐光和广西的陆荣廷有着姻亲关系，所以龙济光认为陆荣廷会碍于情面难以拒绝龙觐光的粤军入广西。后来事实也确实如此，这样龙济光便派其弟率粤军一部先行入桂，待站稳之后再进攻云南。龙氏兄弟在云南蒙自的红河江外犇吾卡和那埂的土司家族出生。1903年龙济光任广西右江道时，他凭着镇压广西会党起义有功而升任了广西提督。不久，又调任广东陆军二十五镇统制。他在二次革命时忠于袁世凯亲自率军攻占了广州，并且镇压了革命党人。袁世凯见龙济光能为他所用，又任命他为广东都督且封他为振武将军。同时，其弟龙觐光也"搭便车"当上了广惠镇守使兼广东陆军第一师师长。

龙氏兄弟俩都是顽固的封建军阀，所以他们非常仇视民主革命，他们的愿望是通过拥护支持袁世凯称帝来讨取封赏和加官晋爵。袁世凯就利用龙氏兄弟那贪得无厌之性，这次还特委任龙觐光为"云南查办使"。同时，令龙觐光率其粤军第一师去广西与陆荣廷一起攻打护国军。

龙觐光得到袁世凯的授意后非常得意，他征得陆荣廷的同意后便命令其部黄恩锡的一个团为先遣军，在1916年1月23日由广东出发入桂，龙觐光则带领李文富的一个团跟进赴广西。黄恩锡和李文富两个团分别在南宁、百色二地驻扎，开始了招兵买马且收罗了滇东南的地主民团及土匪队伍，没过多久已将军队扩充到八千人，号称"一万大军"编成了两个旅。李文富和黄恩锡由团长升为旅长，设司令部于邻近滇界的广西百色。

李烈钧在昆明获知龙觐光的粤军已进入广西，他在 2 月 20 日下达了护国第二军出征令。同时，李烈钧发表了"告云南父老书"，来表达他血战到底之决心。文书述："北望燕云，神弓夜啸，剪彼昏逆，还我光明，国命所悬，敢不拜勉。……烈钧行矣，升彼大阜，睨彼群丑，用敢横刀跃马，竭股肱之力，无负我父老之厚望。"护国第二军到达蒙自后，何国钧参谋长向李烈钧建议，就是能否在当地再招些青壮农民来扩编一支新军且组军的经费均由他自筹。李烈钧听后觉得主意不错当场同意，旋任他为护国军第二军续进军司令。这时候，龙济光令其子龙体乾由广东经南洋潜回蒙自犒吾卡去联络土司龙毓乾。以利用其土司的势力拉拢地方土匪，在滇南各县发动暴乱策应龙觐光的粤军，给护国第二军一个"内外夹击"。

1916 年 2 月的中下旬，龙觐光的粤军已经集结在滇南的边界处。李文富旅已向剥隘推进，这位李文富也是广南人且是地主，在他的官兵中很多也是广南人，所以对滇桂边界一带地形很熟。李文富的粤军从百色出发，分南北两路向滇省入侵，他令莫礼华四个步兵营作为北线向广南县进攻。此时，龙军沿着右江上游的西洋江直上，经由西林县进入滇南的广南县。

护国第二军由于大部已出省征讨迤南势必空虚，所以莫礼华部未遇上滇军主力自然轻松拿下了广南。李文富亲自领主力部队，由南路沿着西洋江边桂滇公路上的罗口村直驱滇境，对滇省边关剥隘发动了攻击。

边关剥隘的滇军守军这时候仅一个连的兵力，全连官兵在连长陈宪廷的指挥下据关固守，他们顽强阻击龙军一次又一次的进攻。李文富凭着拥兵三千以十倍于守军的绝对优势，在大炮重火力的炮击下步兵发起了猛烈的冲锋，双方经过两个昼夜的血拼后，在3月2日深夜守关的滇军一个连终因弹尽粮绝不得不舍弃阵地退到畈朝。

李文富的粤军占领了广南、剥隘之后，3月11日护国第二军的张开儒、方声涛两个梯团也先后赶到广南附近。方声涛二梯团的朱培德及张怀信团，在广南县石硐与龙军的莫礼华部相峙。方声涛在石硐至广南城外一线立即布下阵势迎敌，并且迅速展开对龙军的攻击。双方经过三昼夜的鏖战后，终于将龙军莫礼华部击溃。莫礼华领着他的残兵败将狼狈逃出广南城，向广西境内溃逃。

护国第二军方声涛的第二梯团收复了广南城后，李烈钧率总司令部人员进驻了广南县城。他进城后首先安抚百姓恢复秩序，然后命令张开儒的第一梯团继续追击溃逃的龙军。第一梯团的盛荣超和钱开甲的两个营及一个炮兵连向滇南方向迅速推进，同时肩负起护国第二军的右翼往畈朝方向集结，第二梯团的方声涛也奉总司令命令快速朝向畈朝靠拢来增强右翼部队的战斗力。

在畈朝的李文富也在做迎战准备，他把全旅的步兵、炮兵全部集中在畈朝一带，并且构筑了坚固的工事，称其会与护国第二军嗜杀一番、血战到底。

李烈钧面对此战役心中早有准备且亲临前线指挥，欲全歼眼前这股在畈朝的龙军。担任主攻的张开儒的第一梯团虽然在兵力和武器装备上弱于龙军，但是梯团的将士们个个士气旺盛、斗志昂扬。

李文富的龙军以其三千之兵力占据了有利地形之势，用重炮强火力不断炮击护国军阵地。然护国军的将士不仅牢牢守住阵地而且击退了龙军的轮番进攻，战斗的场面非常激烈，持续了九天鏖战后双方几乎都到了极限很难再撑下去了。站在前沿阵地指挥所的李烈钧洞察了这一切，他认为此刻正是反击的最佳时机，所以他果断下令全线进攻。张开儒及时向全军官兵做了动员，一下子将士们的斗志再次振奋起来，随即他命令炮兵团团长鲁子才将所有的炮弹全部投向龙军的阵地。瞬间齐发的炮弹将龙军的炮兵阵地彻底摧毁，龙军士兵狼奔豕突，全乱了方寸。护国第二军乘势发动了全线猛烈的进攻，全军将士在嘹亮的冲锋号声中奋勇冲锋，霎时间喊杀之声震撼了山谷，护国第二军很快就占领了龙军所谓的坚固防线。龙军全线崩溃，李文富领着残兵败将向百色逃去。回头来说，广西都督陆荣廷在岑春煊、梁启超的策动下于 3 月 15 日通电全国宣布广西独立并且拥护讨袁护国。从而使在百色的桂军陆裕光和马济的两个旅就把百色城控制住了，等待陆荣廷的新令。龙觐光从皈朝败退之后原本是想回百色大本营，途中获知百色已被桂军所控制，城内的龙军也岌岌可危，所以处在进退维谷中的李文富部只好选择向追上来的护国第二军张开儒梯团缴械投降。李烈钧接受他们的投降，并且将龙军李文富旅之残部集中到广南进行改编。在护国第二军奔赴滇东南迎战龙觐光部的同时，护国第二军挺进军司令黄毓成和护国第三军赵钟奇梯团，亦奉命去截击龙军。黄毓成的挺进军叶成林、杨杰两个纵队及第三军赵钟奇的李植生支队，在 2 月下旬进入黔西南的兴义。3 月 5 日分别由兴义兵分两路出发，在巴结渡过了南盘江，顺利到达广西的西南角。黄毓成的护国第二军挺进军的两个纵队，先后在八大河、闾里、黄南田等地与龙觐光的粤军进行了交战。这时候，由百色赶来支援的龙军第三路军朱朝瑛部也遭到了护国第二军的阻击，双方经过一天一夜的浴血搏斗后，护国军将龙军朱朝瑛部彻底击溃，龙军不得不退回百色大本营。此时，护国第二军已经分成几路直逼百色城。

战事回到 1916 年 2 月 19 日，龙觐光派他的第二路军由司令黄恩锡统领从百色出发，取道田林、新州经蒙里、西林进入滇省。他们准备和龙体乾、龙毓乾的土司兵会合，一起进犯蒙自、个旧两地。

3 月 10 日，龙体乾、龙毓乾、马用卿等人领着千余名土司兵及地主武装，同时策动个旧县的警备队、保商营在个旧城内制造暴动。当时，个旧城只有一个连的滇军守备队，暴动后受到城内外龙军的同时攻击而无法抵挡数倍于己的龙军，只能弃城撤离，个旧县也就落到了龙军手中。

龙军在这段时间霸占了滇南数镇的事传到昆明后，云南都督唐继尧很恼火且决意铲除龙氏这股匪患，他下令护国第三军的赵世铭、马为麟、段廷佐部南下平定，同时电告李烈钧滇南现在告急。李烈钧接电后即命令第一梯团的张开儒率部回师蒙自，配合第三军夹击龙军，扫清滇南的龙军确保云南大后方的安宁。

盘踞在蒙自的龙体乾土司兵及地主武装，经不住护国大军的猛烈攻势而狼狈弃城逃往个旧城。护国第二军在梯团长张开儒的指挥下是越战越猛，一路奋勇追杀直奔个旧。

在护国军攻城时，龙体乾、龙毓乾兄弟此时已无心再战了，两人在惊恐中仓促收拾好其世代搜刮而来的财物。3 月 19 日个旧城被攻克，全歼了龙体乾部。此时，龙氏兄弟携带着家眷逃匿到金平沿边一带的原始森林之中躲避。

这场滇南保卫战的胜利，赢得了云南民众的拥护和支持。护国第二军出征广西，夺取了百色歼灭了龙觐光军，同时又回师平定了滇南歼灭了龙体乾军，可谓护国第二军东征首战大捷、旗开得胜。广西百色之役的胜利也使袁世凯由两广取道进攻云南的美梦彻底破灭。

袁世凯在护国军的军事打击下，在3月22日被迫下令取消帝制，但他仍然顽固坚持要保住总统之地位。3月26日，李烈钧致电袁世凯，以讥讽的口气嘲弄说："足下背叛国法，早失元首资格，帝与不帝，特其余事"；"足下果知愧耻，应速自投法庭，忏其积恶"；"勿痴心妄想为也"。同时，他对蔡锷在川南与北洋军单独停战一事，也感到不满，认为蔡将军"影响于战局者，其害小，影响于人心，其害大"。希望蔡锷将军决心奋志，将讨袁战争进行到底。护国第二军在百色休整了一段时间后，李烈钧率军向南宁出发。途中行至瘴气地带时，军中很多士兵突然病倒了。这种状况出现后据当地老乡说，这些病倒的兵是得了疟疾，所谓瘴气其实就是一种恶性疟疾。在这片区域由于疾蚊特别多，当地的百姓因长期生活在这里所以对疟疾已经有了一定的预防及免疫力。然而，外地人来这块陌生地则特别容易被传染上，而且死亡率也很高。

李烈钧面对这疟疾病状，及时采取了相应的措施，首先赶快寻找有专业知识的医生负责医治，其次布置了防瘴工作。经过及时实施有效的医治、防瘴之后，部队的损失总算得到控制并且把死亡率也降到了最低。

护国第二军走出瘴气区域后，改由水路坐船去南宁。5月6日，全军到了南宁码头。这时，秘书长钟动对李烈钧说：部队暂时不要上岸待在船上，因为陆荣廷是绿林出身又是出了名的"墙头草"，我们要有所戒备。李烈钧听后觉得此番话有理，便下令全军不下船，各级军官务必严加防范且做好作战准备。果然，没多时广西军政府派人来到船上盘查，查的重点是护国军在册人员和枪械装备，而且还要提供一份册表交于陆荣廷。

　　　　　　　　　　　　　　　　　铁血将军李烈钧

桂军这些举动让船上的军官火冒三丈，甚至主张索性打下广西，扫除这个障碍直捣广东。此时，李烈钧的心里也十分不爽，正当考虑是否现在就发兵拿下陆荣廷时，突然远处有一匹马朝岸边飞奔过来，马跑近时才看清骑马者是林虎将军。只见他纵马飞奔岸边高喊着：护国军兄弟不要误会，广西军政府和你们现在是一旗帜。说完后没有下马而是掉转了马头随即补上一句"旦日不可不早自来谢"策马而去。林虎将军是在二次革命失败时与李烈钧失散后，逃出江西去了广西，现在是陆荣廷手下一员骁将。林虎刚才突然出现在岸边及那些话，让李烈钧又沉思了片刻。他想能在此地见到久别的爱将很惊喜，但对广西督军陆荣廷突然宣布独立，成立广西军政府及现在愿意和滇、黔联合拥护共和、倒戈讨袁，这些现象让李烈钧不得不产生疑惑和蹊跷。可是，林虎是自己的老同学，又是湖口讨袁时自己的爱将，所以心里感到林虎还不至于对己有恶意吧。李烈钧思前想后决定先去会一下陆荣廷，摸一摸底后再说。

次日上午，李烈钧带上卫队下船去陆荣廷督府。两人相见交谈之后，李烈钧算是消除先前之疑虑，但在他的心里还是对陆荣廷有不信任之念。分手回到船上，李烈钧觉得此地还是不宜久留，决计尽快离开南宁去肇庆。于是，召集部将宣读了护国军下一步进军计划。

天亮时，码头上已有各界民众及记者在岸边欢迎李烈钧统领的护国军。李烈钧见民众的到来便走到船头向来者挥手招呼，同时接受记者的采访。当记者问道："将军，您对时下的政局有何看法"时，他非常坚定地回答，说："舍袁氏退位外，无调和之可言。""今日非整我军粮，储我军旅，为直捣黄龙之汁，不为功也。"然后，他面带微笑再次向前来的各界民众挥手致意，并且斩钉截铁地大声说："吾人革命，志在强国，若要强国，必先倒袁。宁为玉碎，勿为瓦全。质言之，如不倒袁，不要活的，宁要死的。有如此决心，终必有达到目的之一日。"从上述言辞中可以感受到李烈钧那种不妥协的态度及坚定无畏的斗争精神，始终贯穿于他在整个护国讨袁运动中。当日午后，李烈钧率领护国第二军起锚离开南宁行赴肇庆。在这段时期广东政治也发生了变化，督军龙济光知道胞弟龙觐光已被护国第二军所歼灭，广西的陆荣廷也独立且树帜讨袁，他预感到南方的形势将对己不利，也不想在南方诸省中沦为一个孤行者，此刻他首先想到的是向主子袁世凯求助，于是他去电请示。然袁世凯给他的复电仅六个字——"独立拥护中央"。他见复电后顿时领悟了，这是袁世凯要他尽快以假独立来混过这段特殊时期的难关。1916 年 4 月 6 日，龙济光通电宣布广东独立。但他的独立毕竟是虚的，所以在独立文告中没有一句指斥袁世凯的话，不仅如此，那些被他抓捕的革命党人也没有被释放，仍关押在狱。龙济光一系列的表现明眼人都能看出他的鬼蜮伎俩。就连当时的梁启超、陆荣廷等人也不愿与他走得太近而保持距离。4 月 7日，梁启超在南宁致电李烈钧。电文："粤已于鱼日独立，其当局虽或不餍人望，然借此免糜烂，我军得专力规复中原，自是大佳。"同时，梁启超也和广东的中华革命党人联络且劝解来讲清龙济光现在也表示拥护共和了，以此来缓解民众对龙济光的看法。虽然龙济光得到了梁启超与各界疏通斡旋使广东民众对其斗争力度稍有缓解，但是他毕竟是在南方诸省督军中拥袁最卖力和杀人最多的首恶分子，所以革命人士对他仍然是切齿痛恨，纷纷起来指责他是"伪行独立，借以缓兵"。所以，广东虽在名义上独立，然在粤省的各界社团间的斗争还是很激烈，广东的形势此时尤为混乱。

1916 年 5 月 12 日，李烈钧率领护国第二军到达广东肇庆。在此之前南方诸省创立了具有"临时政府"性质的军务院,在5月8日于肇庆宣布成立。依据军务院组织条例,李烈钧作为护国第二军总司令之职是当然的抚军之一。所以,李烈钧到达广东肇庆时,受到了军务院抚军长岑春煊、政务委员长梁启超及抚军的迎接。

十　挥师两广　炮定韶关

此时，中国正处在一个特殊时期，南方诸省的现状可谓政治上鱼龙混杂、各自为政，一盘散沙。

以云南讨袁护国起义为例，当时就有来自三个派系的力量。一派以梁启超、蔡锷、刘显世为代表的进步党，他们主张君主立宪制所以不会接受孙中山的三民主义政治纲领；一派是李烈钧、唐继尧、方声涛为代表的国民党中坚骨干，他们绝不会迁就进步党的改良主义；再就是以陆荣廷、陈炳焜、莫荣新为代表的地方督军，他们以本位主义为本，但是他们与梁启超的关系甚密且有共同点，所以这一派系基本上是倾向进步党的改良主义观点。再说广西的陆荣廷，他是出了名的"墙头草"，对时下的前景正六神无主时，突然想到了老上司岑春煊。岑春煊何许人也，他曾是清末的两广总督，所以他在两广地区有一定的社会影响力且与梁启超有私交。为此，陆荣廷书信请岑春煊回国来桂主政。在日本的岑春煊收到信一看正合他意，原本他就想回国成就一番事业，于是欣然答允回国共事。

临行前，他把在日本借得的数百万元现款及价值一百万元的军械，

　铁血将军李烈钧

雇了一艘日本商船装运至香港,再由香港运往肇庆。陆荣廷知道岑春煊已由日本回国非常兴奋,他急忙赶去肇庆恭迎他的老上司。

岑春煊到肇庆之后,通电发表护国讨袁宣言,并且电告各独立省的督军,就在肇庆组建护国军都司令部征求意见。电文发出之后,马上得到诸省督军的支持。于是,两广都司令部在5月1日宣告成立,与会者公推岑春煊为两广都司令,梁启超为都参谋,李根源为副都参谋。此时,南方的革命声势日益高涨,诸省的督军也先后云集两广都司令部。不久,两广都司令部在5月8日又改组为护国军务院,作为南方诸省统一之政府机构。

护国军务院职员表

抚军长	唐继尧
副抚军长	岑春煊
政务委员长	梁启超
抚军	刘显世、陆荣廷、龙济光、蔡锷、李烈钧、陈炳焜、罗佩金、戴戡、吕公望、刘存厚、李鼎新
秘书长	章士钊
外交专使	唐绍仪
副使	王宠惠、温宗尧
滇桂粤联军副都参谋	李根源
军务院滇军第二军总司令	李烈钧
军务院桂军第四军总司令	莫荣新
军务院粤军第六军总司令	林虎

抚军长一职实际上是由副抚军长岑春煊在代理,唐继尧因要留在云南主政,所以他始终未去肇庆任职。军务院成立后,李根源一日数电催

促李烈钧来肇庆共商北伐事宜。李烈钧接电后给岑春煊电："肇庆都司令伟鉴：刻抵梧，有轮即赴肇。"护国第二军沿西江经德庆直下肇庆，于5月12日抵达。当晚，护国第二军总司令部设在龙母庙。

次日上午，李烈钧拜见了岑春煊。会见时李根源、梁启超等人也在场作陪。李烈钧一眼瞅见一旁的梁启超心里顿时不悦，他之前对梁启超是"保皇派"就很反感。他便对李根源说："护国举义，要'保皇派'干什么？"李根源深知李烈钧的秉性，恐怕让他再说下去定会闹得大家不欢而散很尴尬，便悄悄轻声对李烈钧说："协和兄不要再说了，梁先生不日将离开肇庆。"李烈钧听后才调转了话锋说："国家富强必要有良好政府，必须有适当的法律。法从何来？由于国民之团体，由于国民之公意，如代表机关，议会机关等是也。有法律然后可以保障人民之自由，救济人民之权利……顾始终不懈，坚持到底，必以推倒袁世凯另组一个良好的政府而后止。如不倒袁，则国家必亡。所以袁氏之取消帝制，恢复共和等虚词，诬诳表面如此，不可信也。今日与岑抚军长及诸君一晤，深愿与诸君一起同心同德，坚持倒袁。"

李烈钧话音刚落，在座的抚军都表示赞同，维护共和、打倒袁世凯。不久，护国军务院下达命令，由李烈钧率领的军务院滇军第二军通过广东进入江西进行北伐。

军务院考虑到滇军此次北伐路径须穿越广东境内，广东现在虽然属三省联军之一且归辖军务院，但是还须尊重广东督军龙济光，为此军务院派人与他当面商榷滇军假道事宜。然而龙济光原本就反对北伐讨袁，加之他怕李烈钧以借道之名把他灭掉，所以他采取一面敷衍李烈钧来拖延时间；另一面策动广东的九善堂、七十二行、自治研究社、总商会等一起来阻止李烈钧假道广东。龙济光的这些卑劣龌龊行径，分明是在阻碍北伐讨袁。岑春煊闻知后心知其意，这一切都是龙济光一手策划的。为此，岑春煊马上致电广东这些社团告知他们：李烈钧的护国第二军由百色过来，如果再绕道广西入赣则时间太久不利于北伐。现在假道广东确实是为了北伐，决无他意。况且护国第二军军纪严明人所共知，假道北伐是为了军事便利，改道之请，断难准行。广东各界社团知道真相后，纷纷发布公函表示欢迎借道支持李烈钧北伐。

广东的龙济光阴谋破产之后并不甘心罢手，又出了一招。他派杨觐东、李国治等人赴肇庆，直面要求李烈钧的护国第二军不要去广州，并且威胁说：如果护国第二军非要经过省城粤军有必要在沿途各镇的驻军出来维持秩序，这样粤军就无法再抽出兵力去北伐且要酌量提供给第二军的粮饷。军务院为了妥善解决这些矛盾，派出徐葆权去广州和龙济光协商。双方最终达成了三项决议：一、李烈钧的第二军可由肇庆出发，直赴三水转北江上湟江口，然后坐车到韶关，一切车、船由龙济光负责备办；二、龙济光同意派粤军第一、四两军协同李烈钧北伐；三、李烈钧部队的粮饷枪械由龙济光负责供给。三项条款龙济光无奈之下答允，他为了再装点诚意又提供了军饷三十万担、军火一千包、开花炮十六尊、过山炮二十尊、机关枪三十挺、无烟枪五千支。同时带上了牛、酒慰劳第二军官兵运往肇庆。

另外，龙济光部署了粤军在护国第二军北伐行程途中加强设防。三水和佛山是护国第二军必经之地，所以他命令水陆统巡胡令宣、统领梁水燊率领九个营驻三水，佛山原有三千兵力驻守，现在增加十个营来加强沿路一线，监视着护国第二军。

广东的南韶至清远一带是粤省的军事重地，龙济光派出亲信马存发部扼守。他的一切军事行动安妥后，才算是松了一口气，显得很得意。

随后他又声言：顺德、三水一带有土匪活动，难保土匪会冒护国军之名乘机扰乱。所以，为了防止其冒称护国军而进行捣乱，他再订明护国军的行军界线：水路越过西南以下，陆路越过三水数里外，粤军可以不必究问真伪，应立即迎头攻击，不得瞻顾迁延以至松动，为匪所乘。龙济光一系列的所作所为不难看出他不是在"会同北伐"，而是在千方百计地阻挠北伐。

此时，李烈钧因事前已经与蔡锷将军率领的护国第一军商定过两军会师于武汉的约定，所以对"声言"根本不放在心上。1916 年 6 月 3 日，李烈钧奉军务院之令率领护国第二军由肇庆出征北伐。他按照规定的行军路线经三水、清远、连江口北上至韶关进入江西。可是，护国第二军这一路上处处受到龙济光的粤军阻挠和百般刁难。第二军到达清远时，只见城门紧闭，部队下船后也无法进城休整，李烈钧为了避免发生冲突让全军将士在船上休息。

然城楼上的大炮却对准了城外的护国第二军，还时不时向城外放几炮来恐吓。李烈钧面对眼前的状况显得很沉稳，他为了顾全大局让将士们忍着且令全军在城外扎营。然后，他派人与韶州镇守使朱福全进行交涉且达成了协议，允许每天放行护国第二军四名士兵进城购买生活必需品。6 月 18 日才放行没几天，守城的粤军就无故杀害了进城购物的四名护国军士兵，不仅如此还向城外的护国军营地开炮。粤军的无理嚣张行为激起了护国军官兵的极大愤怒，全军将士一致要求杀进城去讨个公道。

此时，李烈钧心里也是一团怒火，他感到这一路走来很艰辛且不断遭到粤军的骚扰，使部队的行军不得不停停走走，为了尽快进入江西北伐该扫除眼前这股粤军了，李烈钧决定必须狠狠教训一下龙济光的粤军。同时，他在动手前发了通电，电文："……袁氏坏法，吾始讨之，故吾护国，守信护法……，烈钧一介武夫，服从为职，故只知有法，罔识其他，有蔑法者，视与贼等。今奉军务院命，誓师援赣，军次南韶，下马草此，以当露布。"

李烈钧这份通电说明，他此次出征北伐是为了反对袁世凯的窃国卖国行径，又一次征讨而绝非来粤争夺什么地盘，并且重申这次借道北伐是奉军务院之令，绝无他意。

6月18日夜，李烈钧下达攻城的命令。由张开儒的第一师全线攻击韶关之龙军；方声涛的第二师朱培德旅进攻源潭，盛荣超旅进攻新街之敌，第三师则为预备队集结清远。

第一师的工兵部队首先选用帆布搭建浮桥，让步兵能在浮桥上顺利越过护城河直逼到城下攻城。同时，第一师的炮团在城外的帽子峰下摆开阵势配合步兵向帽子峰上的龙军进攻。炮团的大炮首先炮击龙军的阵地，首发炮弹就准确无误地将龙军的指挥所山炮给摧毁了。龙军一下子失去了指挥，顿时阵前的士兵惶恐不安乱了阵脚，都无心再战而四处逃窜，护国第二军的军旗在帽子峰上迎风飘扬。

护国军占领帽子峰后，又将大炮转向城楼。城门被大炮炸开后，护国军将士奋勇冲进城内。炮团的第三炮又不偏不倚地击中了城中镇守使署，守城长官朱全福见衙署被炸毁，一时间吓得魂不守舍、无所适从急忙逃离。护国第二军在嘹亮的军号声中以排山倒海之势从南门直扑镇守使署，此时的龙军不是降就是逃，彻底土崩瓦解。

6月19日晨，护国第二军完全控制了韶州。次日，方声涛的第二师也攻克了英德、源潭、新街，此役可谓完胜。

护国第二军的军纪远胜于龙济光的粤军且早已深入粤省百姓心中，所以当护国军告捷后受到城里民众的热烈欢迎，真可谓皆大欢喜。此战役在中国近代史册上也留下一笔，"李烈钧三炮定韶关"的故事也在民间广为流传。

7月3日韶州被护国第二军占领的消息传出后，龙济光很恼火，他急忙调兵卷土重来想去抄护国第二军的后路妄图夺回韶关。然李烈钧对龙济光的用兵之术了如指掌，他根据军情而定应策。双方经过三天的激战之后，护国第二军在李烈钧的指挥下大获全胜，并且击毙了龙济光的主将李文运，此役是北伐途中在粤省最后一仗。

再来说，1916年6月6日袁世凯在护国讨袁的节节胜利及全国民众的唾骂声中一命呜呼，由副总统黎元洪继任北洋政府的总统。黎元洪上台之后采取了拉帮结派来巩固其统治地位，并且对那些昔日的同僚大加犒赏。当然也念起了辛亥武昌起义时，李烈钧统率陆、海两军赴鄂解武昌之危一事，为此他下令授李烈钧为陆军上将衔并且授勋章一枚，特派专人送到广州李府。

李烈钧在广州打发了黎元洪的特使后，就把黎元洪送来的勋章挂在家中养的那条哈巴狗脖子上，让儿子牵着哈巴狗上街溜达以示他对北洋政府的鄙夷。同时，也说明了他追随孙中山先生革命的意志不移。这件轶事在日后的民间中广泛传颂。

不久，护国军务院认为袁世凯已去世护国讨袁的目的已达到无须再兴兵北伐，于是令护国第二军暂留韶关待命。

黎元洪当上北洋政府总统不久，段祺瑞又卷土而来掌控了内阁且独揽军事大权，他妄图践踏《临时约法》，从而达到拒绝恢复国会和遵守《临时约法》。

孙中山先生见证了袁世凯篡夺政权、复辟帝制的过程，从而清醒认识到应当"筑地盘于人民之身上"，群策群力，"努力向前，拆去破屋，改筑新屋，庶几可享安乐"。为此，孙中山电告黎元洪应该刻不容缓地恢复国会和《临时约法》，顺应民意从事国家建设。同时，孙中山发愤著述了《民权初步》，希望借此来"团结人心，纠合群力"，以建设一个共和制的国家。大权旁落的黎元洪已无力做到恢复国会和《临时约法》。北洋政府的所作所为打破了孙中山之前对段祺瑞的"规复约法，尊重国会"，不"重蹈天下于纷纠"的寄望。

6月9日，护国军的将领联名致电黎元洪，要求他迅速恢复《临时约法》、召开国会。在这期间李烈钧所发出的电文尤为激烈，他除了主张恢复《临时约法》、召开国会外，还提出了责任内阁制。可是，在这非常敏感的时期就中国现实状况而言，事态的演变越来越变得对李烈钧的言行不利。

黎元洪、段祺瑞、岑春煊等各方势力都在对李烈钧的言辞施加压力，说他是"穷兵黩武"，不顾大局。护国第二军也处在这一片指责声中，陷入了孤立无援的困境。

李烈钧面对这负面的声音深感心寒，但他并未消沉，仍毅然不畏高压之打击，断然拒绝黎元洪、段祺瑞的一再邀请入京"听候任用"和授勋二位、加上将衔的"封赏"。李烈钧根据当前的形势决定将部队交由参谋长成桄和张开儒、方声涛二位师长来管理，他则带上随员经肇庆、广州去上海休养。李烈钧在广州逗留的日子里，发表了长篇演讲，在演讲时说道："现当权者今日行为能否破除积习，力扫旧污，为吾国政局开一新纪元，全国人民不可不力就此点加意注视者也。"李烈钧的演讲充分表达了他对黎元洪、段祺瑞持不信任及蔑视之态度。

中国此时正处在南北军阀的统治下，北方以段祺瑞为首的皖系和以冯国璋为首的直系，加之自成体系的张作霖奉系，在南方则以陆荣廷为首的桂系及龙济光的粤军。这些军阀间连年战火，致使民不聊生，这个国家处在四分五裂之中。

1916年6月25日，上海海军的总司令李鼎新宣布海军拥护旧约法，并且声明：在旧约法和旧国会恢复及正式内阁成立之前，海军拒绝接受北洋政府的任何命令。

海军的举措给处在低潮的国民革命打了一针强行剂，同时也震慑了北洋军阀在东南各省的势力。段祺瑞在海军的压力之下，于6月29日不得不接受以孙中山为首的革命党人的要求，并且通电声明：遵行《临时约法》，召开国会。在广东的龙济光也紧跟着段祺端的通电声明，趁此机会宣布了取消广东独立，坚决服从中央。随后他又跳出来公开与老对手李烈钧叫板，意欲对护国第二军采取军事挑衅。他首先在广州唆使广州七十二行等社团共同发出通电，诬告护国第二军"沿途骚扰，百姓奔避，如逢大盗……"。李烈钧对龙济光的卑鄙龌龊行为没有作出正面之回应，而是电告在肇庆的护国军务院，请军务院出面派专人去调查护国第二军的军纪及广东民众的声音。如果查出护国第二军军纪不严、广东的民众有怨恨，李烈钧甘愿承担责任并且服罪。此时，李烈钧的这种姿态完全是针对龙济光的诬告行径之有力回击。果然，龙济光所编的那些谣言经不起军务院的调查便不攻自破，反而惹得一个没趣的下场。

6月26日，孙中山先生致电北京政府，要求罢免龙济光的广东都督一职。唐绍仪、章太炎等人也紧随发出同样的电文，并且列数了龙济光破坏民主共和的多项罪行。

7月6日，黎元洪任命了各省的军政长官。其中一些曾是帝制拥护者也被任了一省之长，南方已独立的省份都督及将领也得到了任命，唯独没有任命李烈钧的职务。对龙济光仅免去他广东都督一职，但是不久又委任龙济光为两广的矿务督办，其中的原委可以说是明眼人都心知肚明的。李烈钧对北洋政府对他的邀请直截了当地顶了回去且表示："军务在身，不能离此赴京。"北洋政府见李烈钧不来京供职，对这位硬头蛮子也没办法，只能作罢，且在 7 月 13 日发出信函令，"李烈钧留粤办理军务"。

再来说，段祺瑞在各方压力之下无奈同意遵行《临时约法》，召开国会。7 月 14 日，在肇庆的护国军务院宣布撤销。孙中山见段祺瑞同意召开国会也从大局出发在 7 月 25 日指示中华革命党，通告国内和国外的各支部党员履行文告："袁贼自毙，黎大总统依法就职。推翻专制，重建民国的目的已达，本党宣布停止一切军事行动。"这一系列举措标志着护国运动已告结束，及护国讨袁战争的终止。可是，在这场轰轰烈烈的护国讨袁运动中，李烈钧和他统领的护国第二军所作出的战绩是无法磨灭的。然而在当时军阀间连年混战、政治上尔虞我诈的状态下，护国军的那些可歌可泣、英勇奋战历程却很少被史者所记载留传。其实护国军的事迹很多，尤其是第二军确实是一支英勇善战又纪律严明的铁军。滇军名将李根源曾说道："第二军皆决踵露肘，饘粥不继，积欠饷糈，数月未发，面有菜色，而无怨言。购买日用之物，论价予值，从无妄取民间一草一木者。闾阎无鸡犬之惊，士庶获安宁之庆，壶浆载道，妇孺讴歌。故谓此战役之成功，由人心之趋附者大半，而各军长官之善得士心，士卒之服从纪律，尤为余所钦佩不置。"李根源此番真诚之言，确实说清了护国第二军为国家的共和体制所作的贡献，也是对那些诬告、压制的军阀有力之回击，同时是给护国第二军的一个公道。护国讨袁虽然胜利了，但换来的却是南北军阀间的争权混战、四分五裂之局面。对有着强烈民主共和意志的李烈钧来讲，他怎能容忍这些军阀来践踏民主共和之民意。7 月 26 日，李烈钧回到广东韶关。他不顾中华革命党提出的"停止一切军事行动"的声明，仍指挥第二军挥师南下痛击广东军阀龙济光。

7月27日，他令右翼军朱培德部进攻石井兵工厂；7月28日，他又令左翼军盛荣超部攻击白云山。龙济光在李烈钧的左、右两翼军的夹击攻势下实在是难以支撑，于是他急电北洋政府求援。北洋政府接到龙济光的急电后即派出王芝祥南下广东进行调解。可是，李烈钧根本就不买北洋政府的账，还是坚定按既定的作战计划追击溃败的龙军直逼广州。7月29日，"辫子军"之帅张勋也站了出来干涉并且通电斥责李烈钧。此时的段祺瑞也授意亲信徐树铮电催江西、福建两省的督军，命令他们即刻领兵攻打李烈钧部。这时候，李烈钧似乎是站在风口浪尖上，但是他面对此局势仍不以为意、豪放不羁，他在8月1日致电北洋政府，表示愿辞去公职。此举措能够使他摆脱任何一方对己的管束，也可以让他大胆放开，统领着第二军向龙济光的粤军继续奋勇追击。

这时候，桂系的陆荣廷早就想入主广东。于是，趁李烈钧的第二军与龙济光的粤军拼杀之际，他急令莫荣新率领桂军入粤以相助为名借李烈钧之力把龙军灭掉来达到他控制广东之野心。8月2日，桂军莫荣新部与李烈钧的第二军在广州城外会合共同向广州发起攻击，龙济光部抵挡不住而弃城溃逃。

然此时的北洋政府还想挽救一败如水的龙军，在8月1日下令，在广东境内的各方交战部队即日起停战。但是很可惜北洋政府的那道命令才刚发出，在广东的龙军已经彻底战败，龙济光也只身狼狈逃去琼崖。

广州的秩序恢复之后，李烈钧欲去福州看望多年未见的老部下龚少甫，他把军务稍作安顿之后去了福州。李烈钧到了龚少甫家见到了龚夫人华世琦女士，才知道龚少甫在"二次革命"失败后由江西返回福州的途中被赣南镇守使李廷玉所杀害。李烈钧听后顿时义愤填膺且安慰了华世琦女士并叮嘱日后有困难可来广州寻他，告辞时还给她一笔抚恤金。

李烈钧日后为龚少甫写了碑文，碑文中："……君慷慨自承，并痛斥袁政府，当事壮其志节，颇欲生之……"，以示他对先人的缅怀之情。

10月初，李烈钧向陆荣廷督军提出建议，要求在广州的东郊修建一座黄花岗烈士墓区来纪念为民主共和牺牲的同盟会七十二名烈士，并且他带头捐款资助修建工程项目。

11月5日，在广州公祭黄花岗七十二烈士大会上，李烈钧宣读了《祭黄花岗七十二烈士文》，并且亲书一联："死国埋名，公等争先入地；挥戈挽日，余也何敢贪生。"从文中的言辞可以看出李烈钧对这些为民主共和、推翻清朝封建帝制而英勇献身的英烈表达了崇高的敬意。

1916年11月8日，李烈钧闻知蔡锷将军在日本病故，并且其灵柩归葬于湖南长沙的岳麓山上。他和蔡将军虽然不是同党同仁，但是二人是曾在云南共举讨袁护国大旗的战友。于是，李烈钧执笔为蔡锷将军写了挽联并且送上。他在挽联中写道："凭只手，挽苍穹，与公生死同袍，立马华山，移得桑田近沧海；悲风雨，悯人天，愧我屡多痛，伤心万里，望穿蓬岛哭将军。"他以此情来表达对这位护国同仁、护国英雄之怀念。

1917年6月7日，"辫子军"大帅张勋擅自率军进京。他到京之后就威逼黎元洪，要其在三日内解散国会。同时，他下令"辫子军"在北京的大街小巷各处挂起了大清朝的黄龙旗；其后又组织北洋军阀的各省军事攻守同盟，用以挟制北京政府，对抗南方的护国军，继续他的复辟清室帝制梦。

张勋在北京公然肆无忌惮地搞复辟帝制的行径，这对于革命党人来说是绝对无法容忍的，于是"护法"就成为革命党人当时所迫切须解决的大事。

其实在年初，还在张勋蠢蠢欲动、图谋复辟帝制时，孙中山先生已经和李烈钧在商议发动护法运动来抵制这股复辟潮。

6月1日，李烈钧率先呼吁且通电全国发出"护法卫民"的声音。之后，广东督军陈炳焜、省长朱庆澜在6月8日发出邀请李烈钧到广州共商护法事宜。李烈钧收到陈炳焜和朱庆澜的邀请函后，欣然受邀抱病赴约且以实际行动参与护法活动。

李烈钧见张勋在北京为了实现帝制美梦而粉墨登场，他想现在是时候给张勋一有力回击了。于是，李烈钧在7月3日以中华民国护国第二军总司令的名义与爱将张开儒、方声涛联名通电全国，痛斥张勋背叛民国且宣告出征申讨叛贼，首先亮出了护法讨逆的鲜明旗帜。

坚决用武力护法的立场是李烈钧一以贯之的坚决反对姑息调和之策。他表示：今日之事"非生则死、非进则退"，"凡有祸国违法之贼，皆在讨伐之列，不能丝毫苟且调停"。张勋上演的复辟丑剧在全国民众的强烈反对下，也短短十二天就偃旗息鼓了。闹剧刚过，北洋政府接踵而来的是冯国璋走马上任代理总统一职，但是实际大权仍掌控在国务总理段祺瑞的手中。段祺瑞为了巩固其权力，一方面向日本讨好以获取日本对其的财政支持，从而使他有充实的军力；另一方面他仗着权力公然拒绝恢复《临时约法》和国会，并且对外宣称其"不要旧约法，不要国会，不要旧总统"的"三不"施政纲领。段祺瑞这一系列行为，自然引起了国人，尤其是国会议员的强烈不满。这些国会议员拧不过段祺瑞，他们只好选择南下广州与孙中山先生联合，争取在广州召开国会。

此时，中国处在一个动荡不安的非常时期，西南诸省的军阀对段祺瑞的武统中国之策也深感对己不利，他们为了保全自己的地盘也想到要借助孙中山的革命党力量去对付段祺瑞的武统中国之策。这个结果就形成了西南军阀与革命党间的利益同盟，共同护法抗衡段祺瑞。

十一　统率三军　东征西讨

一代枭雄袁世凯死后，盘踞在北方的直系、皖系及奉系之间正围绕着北京最高权力而在相互角逐中。此时，段祺瑞并不希望北洋派系内部冲突升级，便拥立冯国璋为大总统，可是实权仍握在他手中。他先是公开表态拒绝恢复国会，后是逼迫冯国璋在对南方宣战的命令书上签字，想以武力来完成其统一国家之策。

1917 年 7 月，段祺瑞在第二次组阁后，南方的形势以陆荣廷为首的桂系仍标榜自行其是的宗旨；以唐继尧为首的滇系则公开反对段祺瑞的内阁；此外，就是孙中山领导的中华革命党，旗帜鲜明地坚持护法。

南方各派系在此时结成了联盟共同抗衡北洋政府，这是段祺瑞所无法容忍的。所以，他不顾冯国璋主张的"和平统一"之计，坚持调动以他的皖系为主的北洋军南下，一场新的南北战争开始了。

再来说湖南，它是北洋政府与西南诸省的战略缓冲地带，无论谁冲过这片土地，谁都能抢得先机。然湖南在这短短几年间已换了四次都督，经济和军事上相对很薄弱。段祺瑞经审时度势后瞄准了湖南，决定先拿下湖南为日后踏平西南作为跳板。于是，他派心腹傅良佐率领北洋军王汝贤的第八师和范国璋的第二十师开赴湖南。

可是，段祺瑞的如意算盘却遭到了湖南督军谭延闿的坚决反对。谭延闿提出湘事由湘人来自行解决的声明，并且竭力主张湖南应该维持目前的状态。然段祺瑞对谭延闿提出的"湘人治湘"声明，将计就计干脆派一位湖南人去湘做督军给谭一个回击。

乃去湘者便是傅良佐，他是湖南人。8月10日，傅良佐受命后发表了所谓的"治湘三大方针"：一、湘人治湘；二、军民分治；三、不带北洋军入湘。

9月9日，傅良佐只带卫队营来到长沙上任。他先派湘军第一师李右文师长率第一旅到衡山去"招抚"林修梅的第二旅，然而在"湘人不打湘人"的口号下，第一旅反被第二旅招抚过去。

傅良佐知道此事后感到湖南的形势不容乐观，他急电段祺瑞告知湘情并请调北洋军赴湘作战。段祺瑞意识到在湖南已不再能呼风唤雨了，便任命北洋军第八师师长王汝贤为征湘军总司令，第二十师师长范国璋为副总司令，分三路大军入湘。

北洋军以第八师、第二十师两师的兵力从正面进攻衡山；以湘军第二师为右翼进攻宝庆；由安徽调来的安武军为左翼进攻攸县。10月6日，北洋中路大军开始向衡山发起了进攻，正式拉开了湘战的序幕。

这时候，在上海的孙中山先生彻底看清了北京政府的真面目，他认为当前对北洋军阀所做的抗议、斥责均无济于事，唯有再举兵讨伐、再造共和。他环视了各省的状况也只有在广州的李烈钧所统领的滇军可担当此重任，于是他委派胡汉民先行到广州与李烈钧商议护法讨逆的事宜。李烈钧原本就力主举兵护法讨逆，现在胡汉民受孙中山所托来广州给其传达护法讨逆的指示，这更坚定了他的信念。

事后，李烈钧召集部将张开儒、方声涛等人，一是传达孙中山先生的口信，二是商讨护法讨逆的军事计划，同时联络广东督军陈炳焜共同讨逆且组建滇粤联军。

此时，在上海的国会议员闻悉李烈钧在广州要举兵护法讨逆的消息后纷纷打电报给李烈钧，赞许他："统率雄师，独伸大义……诚民国之精英，作军人之楷模……乞整军容，速清妖孽。"一时间，各地民众的护法呼声也日益高涨。

7月8日，孙中山乘"海琛"号军舰由上海起程赴广州，同行者有廖仲恺、何香凝、朱执信、章太炎等人。7月17日，"海琛"号军舰抵达广州，广东省省长朱庆澜、省督军陈炳焜及李烈钧在黄埔港码头恭迎孙中山一行。

孙中山到达广州后，立即召集本党在穗的同志开座谈会。在会上孙中山说："本党现在有滇粤联军的支持，我们完全可以在广东建立护法讨逆的革命根据地。"同时，他对护法运动作了三点指示：一、号召海军舰队尽快来广州；二、欢迎国会议员来广州；三、邀请黎元洪南下广州且以总统的身份在广州组建国民政府。话毕，博得了与会者的阵阵掌声。

7月22日，程璧光联合第一舰队司令林葆怿且由他率领的七艘军舰在上海吴淞港起锚赴广州。8月5日军舰驶入广州的黄埔港，受到广州各界人士及民众的热烈欢迎。

回过头来再说湘督傅良佐，他举兵南下威逼广东。可是事与愿违，9月18日零陵镇守使刘建藩宣布独立且推举国民党人程潜为护法湘军总司令，护法湘军在程潜将军的指挥下迎战了南犯的北洋军。此时傅良佐由于没想到湘军会倒戈，一下子打乱了他的计划，导致被护法湘军所击溃甚至丢失了长沙退到了湘北地区。护法湘军阻止了北洋军南下，使湖南的局势骤然变化。孙中山感到出师北伐时机来了，他在 10 月 9 日召开了军事会议。会上，参谋总长李烈钧分析了湖南的形势及战况，同时作了北伐作战的具体军事部署。最后由孙大元帅下达北伐令，护法战争也由此拉开了序幕。程潜在湖南战场挡住了北洋军南下，李烈钧在 11 月 21 日致电程潜将军表示祝贺。贺文："迭听凯音，无任欣祝，长沙克复，岳州亦已在指顾间，联军长驱东下，可以预贺。湘中军民两政，亟待贤者主之。公以雄才，尤负时望，两番提兵建国，备极贤劳，钜任之责，非公莫属。"

北伐令下达后，李烈钧不仅制定了一个北伐战略的总体方针，同时他还对西南诸省的督军、政要提出安邦定国之策。11 月 23 日，李烈钧致电西南各省的督军，希望各方能统一意见共同北伐，还将作战方案告知西南诸省。李烈钧的方案是护法联军分中、东、西三路并进。中路："桂湘粤与滇黔联军，迅速扫荡在湘、川的北洋军且移重兵于岳州来巩固湘川"，再"长驱东下，集重兵于荆襄，迤东南地区对皖作战"。上述战略目标如果达到预设后，"万不能不以重兵移驻湖北中区，砥柱中流以资保障"。东路："驻粤滇军并桂粤军一部协同海军，陆海军合力攻闽进而取浙江。"西路："护法军配合陕西军一部，由滇、黔、川遣师驻长安。"李烈钧在这次北伐军事上的布局，应该说想得很周全，考虑到了诸省间的方方面面。但是，他也知道要实现这个目标还存在着一定的困难，关键还是同心同德的问题。在三路北伐并进的计划中，中、西两路就需要有西南地方实力派的支持方能成功。如果他们按兵不动，那么这次北伐计划就难以实现，为了北伐可以说李烈钧与他们斗智斗勇。在政治态度上，李烈钧反对陆荣廷提出的"总统存在，无另设政府之必要"的主张，并且认为："总统内阁问题，虽应有法律解决，但也无妨以战胜之威，以求政权移转也。"这时候，李烈钧的观点很明确，他的意见是："恢复黄陂职权之自由"，"副总统出缺，应由西南领袖充任"，"内阁未经国会通过之前，署理总理之任命，应先由西南各省一致之同意"，"国会地点，宜在南方，尤以广州为宜"。

话题回到北伐须南方诸省的通力合作上，所以李烈钧又提出："有窒碍时，则当然决然，在南方设立中华民国政府"，坚决与北洋政府抗争到底。

李烈钧将北伐的重心放在东路一线上，他和程璧光、陈炯明等人于11月27日在广州海珠召开了军事会议。在会上他重点诠释了东路征闽的作战计划，决定组建征闽海陆联军，采取两军并驾齐驱之攻势。会上还决定以程璧光为联军总司令，一切军事安排就绪后李烈钧以参谋总长的身份下达联军向福建进军的命令。

为了稳固湖南前线战场的成果及协调好护法联军内部思想的统一，李烈钧在12月22日致电在长沙的护法湘军总司令程潜将军。电文："天佑我民，辄夷钜险。公以南天砥柱，吾道中枢，展曲逆嘉漠，既驱帝孽，走信陵单骑，立奠湘云，碧汉功高，苍生望重。际兹再造，纪念弥殷，三祝私衷。引领师干，钦迟无量。"时下，孙中山大元帅对程潜将军在湖南迎战北洋军挡住其南下，从而减轻了广东的军事压力甚感欣慰。经李烈钧的推荐，孙中山把湖南的军政大权委托于程潜将军。南方的革命可谓好事多磨，征闽联军刚出征，桂系在广州又捣起鬼来。莫荣新的部下竟然把广州大元师府警卫队的连、排长及士兵抓了起来。孙中山知道后非常恼火，他马上以广州军政府的名义向莫荣新提出责问且要求必须尽快释放无辜被抓的卫队官兵。可是，莫荣新很嚣张，不仅置若罔闻，还公然枪毙了士兵。他的这种恶劣行径如同反叛，此刻孙中山已是忍无可忍。于是，他在 1918 年 1 月 3 日下令护法海军"同安""豫章"两艘军舰炮击观音山上莫荣新的督署。观音山的守军经不起军舰的炮击乱作一团，莫荣新只得求助江防炮团。他给江防署林虎打电话请求江防炮团回击军舰，林虎觉得此事很为难于是给李总长电话请示。李烈钧明确回复林虎："总理创造中华民国，举世钦仰，一切言行，吾等皆应拥护。总理到粤，而地方政府不受命，此曲在地方政府，总理令军舰炮击观音山，实地方政府有以致之。兄虽奉令还击，万望慎之，毋贻后世羞，而为同学所唾骂。"林虎听了李烈钧这番话后，下令江防炮团对停泊在江面上的军舰暂不还击，观察态势。事件平复后，李烈钧命令滇军第四师伍毓瑞旅及夏述唐部组成的混合支队，作为征闽先遣队集结于潮梅地区与海军共同东进。攻闽战役部署完毕后，他与第四师师长方声涛由广州出发去汕头，这时候陈炯明的粤军也到了汕头。

李烈钧即令征闽靖国军和征闽粤军，两军协同作战、共同北伐。闽督李厚基闻听征闽靖国军已从两路杀过来且来势凶猛，他怕难以抵挡而不得不向北洋政府求助。北京接到闽督李厚基的急电后，马上调派冯玉祥的第十六混成旅去福建增援李厚基的闽军。可是，冯玉祥的军队到了浦口后却按兵不动了，并且通电呼吁停止对内作战。冯玉祥此举使北洋政府很被动，但对护法大军进攻福建却是个好消息，遗憾的是护法海军内部此时发生了变故。

1918 年 2 月 26 日，海军部长程璧光不幸遇刺身亡，由林葆怿出任代理部长。海军中的矛盾来了，因为海军官兵中闽籍者居多且对林葆怿代理海军部长有不服之情绪，所以海军内部闹得不可开交而纷纷离舰，护法海军瞬间失去了战斗力。再说征闽靖国军因得不到海军舰炮的支持其战斗力也受到影响，护法征闽才刚开局就遇到了重重困难。

坐镇北京的段祺瑞趁着护法靖国军远征福建之际，他想到了盘踞在琼崖的龙济光可趁广州兵力空虚大举进攻广州，于是他任命龙济光为两广巡阅使，令他即刻发兵夺回广州。龙济光接到指令后受宠若惊，心想又能回广州执政了，他率军出发连克广东多座重镇一路杀到了广州。

广东政府急电李烈钧，让其快速班师返粤平叛龙济光军。李烈钧知道龙济光又卷土重来侵犯广州，马上拟订了南返广东平叛的计划，把靖国军分成四个军分别由李根源、林虎、魏邦平、刘志陆四人担任各军司令，即刻挥师广东。

在这四个军中，滇军一直是由他亲率，该军的前身乃是云南护国讨袁时的护国第二军。时下他考虑到龙济光也是云南人，必了避免误认此次讨龙是在排挤云南人而带来不必要的麻烦，所以李烈钧采取了"以滇人制滇寇"的策略，这才任命李根源这位云南人也是他的老同学为滇军司令。

3 月 1 日，李烈钧命令各军按规定的时间赶到指定的作战位置，在台山、开平一线阻击龙军的推进。各军开拔后，李烈钧带上警卫团去新会前线指挥所。

这时候，广西的陆荣廷也想插手广东的事，便假惺惺地派出桂军来粤助战。战斗打响之后，护法靖国军在海军军舰炮火的支持下首战告捷，击溃了阳江方面的龙军，随即乘胜追击一鼓足作气再歼高雷、琼崖的龙军。

3 月 12 日，李烈钧把指挥所又推进到单水口，并且下令各军分四路南下。护法靖国军不到十天的时间就攻取了电后，紧接着拿下了茂名、化县等地，彻底将龙军摧毁。

这次平叛龙济光可以说是大获全胜，龙济光也狼狈不堪只身逃到香港，一场平叛龙济光的战争以两个月的时间就宣告胜利。

1918 年，李烈钧在广州大元帅府任参谋总长时，华世琦女士与其兄长华苔生由福州来广州投奔李烈钧。华世琦女士出生于无锡，是明朝华太师的后裔，是一位知书达理之才女。不久，李烈钧与华世琦结为伉俪。之后，她一直随夫君征战南北、相敬如宾。日后，华夫人为李家生育了 6 子 3 女。

再说，龙济光逃到香港后，孙中山大元帅意欲将龙济光缉捕归案，为此他特派李烈钧去香港与港督梅轩利交涉，协办捉拿龙济光。

香港总督梅轩利接到孙中山大元帅由广州发来的电报后，知道李烈钧参谋总长要来香港办公事。因孙中山在亚太地区的声望很高，这次来香港的广州军政府参谋总长乃是中国"二次革命"时的风云人物。所以，当李烈钧一行来到港督府时，梅轩利总督热情相迎。他听完李烈钧的来意后，马上表态将会全力配合捉拿龙济光归案。同时，他设宴招待李烈钧一行。

宴席上，梅轩利总督按照英国的习俗，以西餐款待。李烈钧因去过欧洲及在日本生活过多年且与外国人常交流，所以他对西方餐桌上的刀叉并不生疏且能边吃边聊谈笑风生。但是，他的随员才刚刚到身边工作，之前都是英勇善战的军人没有出过洋，今天初见西餐的餐具自然感到陌生，他们只能模仿洋人的动作小心拿起刀叉用膳。在用膳的过程中那些中方随员难免有不协调的感觉心里总在嘀咕：唉！外国佬也真是的，好端端的筷子不用却要用这些铁器，是不是他们打架时可作防身之用？这时候，有位心急的中方随员实在耐不住这些烦琐的工具，干脆丢下手握的刀叉直接用手去抓盆中的食品往口里塞。这些动作被港督梅轩利瞧见之后，只见他皱了皱眉头，接着就是给了中方随员一个鄙夷的眼神。

这一切李烈钧都看在眼里，然而此时此刻在这场合跟部下再说些什么也无济于事了，他只能装作若无其事继续与梅轩利频频举杯，吹天侃地来掩饰这些难堪之局面。

酒宴后，女服务生端上一盘装满了杯子的食品，随后将盘中的杯子分到每个人的面前，杯内装着糊状的东西，还配有汤勺。中方随员从未见过这类食品，心里在想现在已经吃饱喝足了怎么还要吃这糊糊的东西？况且这糊糊的东西还在冒着白气一定很烫吧，为此大家歪着头不停地左吹右吹想吹凉后再吃。

中方这些举动招来了英方人员的一阵毫不掩饰地哄笑，有位英方人员很夸张地笑得前仰后合，居然还捧着肚子在地上打滚，嘴里嘟囔道：中国人太有意思了。原来这糊状的东西是冰淇淋。中方在餐桌上的失态，确实让李烈钧感到难堪，当然他能理解部下的举止。但是对梅轩利等人那种放肆的哄笑很反感，尤其对那位出言不逊还在地上打滚的英国人。他们不礼貌的行为，是对中国人不怀好意的嘲讽。

在宴席上李烈钧对英方官员所表现的态度一直不露声色，仍然与英方人员举杯谈笑，但他心里想：随员不知不怪，你老外也不是万物皆知的嘛，我同样能让你们出乖露丑。几天后公事办好准备返回广州，在动身的前夜，李烈钧为了答谢港方的协助办案他选择一家高档古朴的中餐馆回请香港总督梅轩利。宾客一阵寒暄后开始入席，服务生把一道道中式菜肴端上了桌。李烈钧说："总督先生，为表达我的诚意，特备上家乡的菜肴敬请品尝，这些菜全是我的随行厨师所做，请慢慢享用。"

梅轩利总督等人望着眼前一盘盘色香味俱佳的中国菜，早已胃口顿开且赞不绝口。李烈钧拿起一双象牙筷子说，大家用餐吧。梅轩利这些人原本就不会用筷子进食，现在这象牙筷又滑溜溜的，更不知如何使用。

他们见李烈钧很利索地将各种菜轻松稳稳地夹起送入嘴且吃得津津有味。梅轩利等人虽然很费力握紧了筷子，但是筷子在盘里滑来滑去很难夹起菜肴。尽管如此还是在努力夹食物，一次不行继续再夹，也只好以少吃来减少尴尬。

酒过数巡，一位小姐端上一盘白色的丸子放在餐桌中间。李烈钧指着盘中的丸子说："总督先生请品尝，这是我们家乡有名的一道菜叫雪花珍珠丸，食材取之薯粉和煮熟的芋头，将其揉和在一起再搓成圆状，吃在嘴里十分松软爽口"，说后顺手夹起一个送入口中。梅轩利此刻在想，这光滑的东西玻璃球似的怎么用这双筷子夹起来？便想换一种餐具，比如汤匙类的，可是见李烈钧及中方随员都在用筷子，若现在提出更换餐具实怕引起对方的嘲笑。于是，他心想就吃一个，如果还是夹不起来那就干脆放弃不吃罢了，所以他就不再提换餐具了。

梅轩利使出足够的力气，还是无法夹起丸子，只见一旁的同僚也在左夹右夹费足劲然丸子在盘中滚来滚去，即便好不容易夹起刚送到嘴边又滑落下去。李烈钧的随员见这些英国佬这副窘态而忍不住开怀大笑，梅轩利等人也只好放下手中的象牙筷，眼睁睁望着盘中的美食强颜欢笑，但在心底想这中国人哪是在吃饭，简直是在历险。

李烈钧见此状况，为了调节一下气氛，便举起一杯北京二锅头说："梅轩利总督，你们英国人爱喝白兰地，我们中国人爱喝二锅头。为感谢您的鼎力合作、热情款待，我敬您，干杯。"梅轩利以为中国的二锅头酒与英国的白兰地差不多，也就举杯一饮而尽。顿时，气氛活跃起来你来我去，数杯下肚后，梅轩利感到中国的酒又烧又辣，不易入口，但是为了顾及面子和礼数，也只能硬撑着装成没事一样。坐在他一边的同僚也同样举杯把盏，没多时这些英国佬都醉了。梅轩利此时也觉得浑身燥热、醉眼蒙眬,讲话时舌头也不利索了。这时候,服务员端上一个汤钵,钵内是红白黄绿青蓝紫七彩糊状的东西。这又是什么菜?梅轩利瞧着这道彩虹般的菜肴,正要开口问时,只见李烈钧拿起了汤勺且介绍说:"这盘菜叫什锦荟萃,由十种不同颜色的食料配制而成的独特风味,也是我国南方一大名菜。"

梅轩利等人见李烈钧这次用汤勺,各自暗暗欢喜,因为这道菜可以不用筷子。之前因为用筷子对桌上的每道菜都不敢"轻举妄动",只好望梅止渴,搞得饥肠辘辘,现在用汤勺便可以一饱口福了。梅轩利等人则出手满满舀上一勺迫不及待地往口中塞,这一下可惨了,英国佬个个发出了"喔喔喔"阵阵怪叫声。原来这道"什锦荟萃"在锅中烹煮多时之后,在上菜时才洒下些淀粉搅成糊状,那么热量全部在内层,外面似乎见不到一丝热气。然英国佬误认这糊状食物是一道凉菜也许是中国式的冰淇淋,所以狠狠舀一勺塞入口中,可想而知那有多烫。梅轩利等人瞬间被烫得舌头又麻又疼,难受至极。缓过后,老外心想这中国菜太怪了,明明不见一丝热气怎么会如此烫呢?温度起码在九十摄氏度以上。当然这些老外是不会明白这道菜是如何制作的。

英国人在饭桌上的丑态也让给中方人员发出阵阵淋漓痛快的大笑,李烈钧看到同仁们的高兴劲,自然气也出了,便说:"先生们,中国有句俗话叫,心急吃不了热豆腐,今天吃这道菜的道理也是说明这个哲理。"说完之后便舀了一勺说:"一勺不能舀的太多,然后要轻轻吹一下才能慢慢送入口中,就像我现在这样品着吃是很有味的。"梅轩利心里在想这中国菜一道道的花样简直就是陷阱,如果再这样吃下去不知还会吃出什么灾难,便说:"李总长先生,我还有公务,这宴席是否可以结束了,谢谢。"李烈钧回道:"总督先生,不忙不忙,既来之则安之,请吃。"接着亲自给梅轩利夹菜，可此时的梅轩利已心神不宁，更无品菜之兴味，只想着宴席快快结束，自己也能够早点去医院医治被烫伤的舌头。但是在李烈钧的盛请之下又无奈而无法离席，可品菜如同嚼蜡。没过多久，梅轩利感到肚子里是一阵阵热火攻心、头昏脑涨。口中低吟着上帝呀，这是不是中国人耍了什么手段，在这酒里是否放了麻醉品，不然怎么会产生如此强烈的化学反应，难受至极。在这一刻他再也不顾什么面子和礼数了，干脆双眼紧闭仰躺在椅背上一动也不动。李烈钧见此状况，知道是北京二锅头起到了效应，就对身边的随员说："快，总督先生喝醉了，扶他回府休息吧。"李烈钧这句话梅轩利是听得清清楚楚，也正合他意便让随员扶着慢慢起身离开这可怕的宴席。次日，碧空如洗、晴空万里，李烈钧和随员们登上船返回广州。在船上大家还在议论着昨晚宴席上那一幕幕可笑的情景，怡然自得。之后，这段趣事也在广东传了开来。

1918年4月2日，吴佩孚的北洋军南下且占领了长沙。之后又略做休整于4月中旬分三路大军向南推进，中路北洋军进攻衡山、衡阳；右路北洋第七师进攻湘乡、宝庆；左路北洋第二路军进攻醴陵、攸县。北洋军三路并进可谓来势汹汹。此时，广州军政府认为如果桂系这时肯出兵相助与护法湘军共同抗击北洋军，从左、右两翼采取钳形攻势向长沙推进，护法湘军夺回长沙的可能性还是很大的，可惜在这关键时刻桂军不仅不相助，反而匆匆往南退去，这样护法湘军就失去了最佳战机。

这时候，北洋第二路军张怀芝部也由湘东出击江西，直攻南雄。留守南雄的护法军，因兵力悬殊太大而被迫放弃退守始兴。

广州护法军政府见形势紧迫，急令参谋总长李烈钧挥师援赣保卫广东。李烈钧接到此令后，立即统率护法大军北上江西。他令护法靖国军第三军从始兴北进南雄；靖国军第四军由始兴向赣州以北挺进断北洋军的后路；滇军及桂军一部进攻虔南、赣州；驻潮汕的征闽靖国军派一支队伍进军宁都；靖国军第四军一部则留守韶关策应。

5月5日致电各路军团，向各军布置了作战总体方针："以迅速攻取赣州为首要，现拟用全力从正面及南雄、茶陵的中间地区，向北洋军发起全面攻击。"

这时候，在湖南南部这个窄小的区域，已经有两个互不相属的统帅。一个是驻郴州的护法湘军总司令程潜，另一个是驻永州的湖南督军谭延闿。然程潜乃属孙中山的国民党人，谭延闿则是倾向于桂系的陆荣廷。此时，谭延闿为了使自己能成为湘军的唯一统帅，便借助桂系的军力用以抵制程潜，可谓湘江两虎相争。这时候广州护法军政府的参谋总长李烈钧站出来说话，并且在7月6日公开通电支持程潜。

缘故是吴佩孚的北洋军大举南下湖南时，程潜统率的湘军阻挡了北洋军进攻，并且由防守转为进攻，数日克复且歼灭了北洋军两个师。此时在赣南的北洋军本想借广东的龙济光复出时机才发兵犯粤，现在知道龙济光已被护法军所击溃而无心再打了，于是匆匆退兵回南安。

李烈钧的护法大军乘势先后攻占了崇义、宁都，并且在5月25日李烈钧再次命令各军："应由始兴、仁化方面，协同攻击，歼灭南雄、南安之北洋军，赣南便唾手可得。"

在赣南战事的大好形势下，广州一时间又出现了不稳定的状态。这些因素也必然会影响到江西前线北伐军的军心，如果现在分兵回广东定会贻误战机，同时给了北洋军争取到援军赶来的时间。这时候，李烈钧对眼前所发生的事也意识到利弊关系，他事前的战略指导思想是："如在攻击开始之前，遇逆军来寇，拟令其疲困，可将一举歼灭。"可是现在陆荣廷在广州制造事端，他不得不调整兵力部署把护法大军收缩到粤境一带集结，以防广州不测。这次调整兵力的计划乃是收缩兵力，迅速回撤潮汕一线待命。这样就给北洋军一个喘息待援的机会。

再说，李烈钧所指挥的护法大军，也是由滇军、桂军、粤军、黔军、闽军等组建而成。严格来讲，并非一支能由他直接指挥的军队，各军只是在形式上归李烈钧参谋总长节制，凡是遇到重要的大事，这些军队仍然是听命于他们本省的督军。

在护法大军中属桂军的战斗力最强，所以陆荣廷凭借着手握劲旅早在预谋策划如何从孙中山手中夺取权力且由他来改组广州军政府。现在陆荣廷见机会来了，于是他勾结滇督唐继尧及西南诸省的实力派人物，合起来让非常国会的议员倒向他。

4日下旬，陆荣廷乘湘省的南北战争及护法军远在赣粤边境之际，向在广州的国会议员施加压力，让这些议员支持他的动议请孙中山辞去大元帅之职。孙中山此时在各方派系的联合压力下，于5月4日辞去了大元帅职务，这一天正是李烈钧率护法大军进驻韶关的第二天。

孙中山辞职后，桂系大权在握变得肆无忌惮，5月1日桂系将领莫荣新私自诱捕了广州军政府的陆军部部长张开儒等人，并且枪决了陆军部次长崔文藻。5月20日，非常国会在桂系军队的威逼下强行通过了改组军政府机构，废除了大元帅制条文。随之选举唐绍仪、唐继尧、孙中山、伍廷芳、林葆怿、陆荣廷及岑春煊七人为军政府总裁。孙中山对此选举做法非常气愤，他表态拒绝参加入职仪式。次日，孙中山先生离开广州去上海。

广州政局的演变，使在前线的护法大军顿时军心动摇，援赣的战事也受到阻挠。这时李烈钧收到广州军政府的电令速回广州，他临行前为防止北洋军乘机南犯做了加强韶关要塞的防御措施。李烈钧回到广州时，广州已经在桂系军阀的控制之下，由于此时他还是广州军政府的参谋总长，所以没有遭到桂系的骚扰。但是他此时已没有属于自己的队伍，滇军已交由李根源节制，他现在就是有职无兵的光杆司令。尽管如此，他仍然坚定地追随孙中山先生，并且尽力贯彻执行孙中山先生的方针政策。

北京政府的段祺瑞正着力扩充其军事力量，并且拟向外国的银行大举借款。孙中山为了阻止段祺瑞这一行径，请唐绍仪致电美国政府不要借款给段祺瑞。这时候，李烈钧也致电在法国巴黎的张继、章士钊，请他们出面劝说各国政府不要借款给段祺瑞。国民党人的这些措施激发了国内的民众、社团纷纷上街游行反对段祺瑞政府向外国银行借款。西方各国政府对段祺瑞政府的借款事宜鉴于中国国内各阶层的反对一时没有作出表态而保持沉默，可是日本政府还是和段祺瑞政府达成了"西原借款"。

然而在南方的广东，此时各派系间的明争暗斗日趋激烈。桂系凭借在军事上的优势，与政学系在政治上勾结共谋去除广州非常国会之行动。桂系在广东这段时间所干出的种种劣事，也引起了广东各界社团的强烈不满。

1919年7月，广州各界人士召开了声讨大会且举行了"三罢"行动，坚决反对段祺瑞政府向外国银行借款，反对桂系在粤所做的那些卑鄙龌龊之事。这时孙中山为了在政治上回击桂系，在8月7日正式电辞总裁职务后，于9月1日又公开提出取消由桂系把持的广州军政府。在广州的国会议员经这段时间的周折后，也明白了再不能坐视桂系继续在国会中肆无忌惮、肆意妄为下去了。

是年年底，在广州的国会议员盼望李总长能早日夺回滇军的统领权来增强广州军政府的军事力量。此时的李烈钧也意识到军队的重要性且自信他在滇军中仍有号召力，于是他在 11 月至 12 月亲自去北江滇军的驻地。在这段时间滇军经过李烈钧参谋总长的宣传之后，果然军中绝大多数的官兵愿意听从他的直接统领。

这支滇军虽然是李烈钧从云南带出来的，但毕竟是云南兵，所以这支驻粤滇军的总司令一职在名义上还得由云南都督唐继尧来任命。此时，孙中山也看到本党必须要有一支属于自己的军队。为了稳定广东的革命形势，他从大局出发主动去团结南方诸省的督军，尤其对滇督唐继尧进行了耐心的说服且劝导其一起来走民主共和之路。

这个时候滇督唐继尧心里也对桂系的独揽大权感到深深不满，因此他在表面上还是倾向于孙中山且愿意为民主共和出力。

1920 年初，滇军司令李根源按照莫荣新的授意私自将滇军第三师师长与第六师参谋长对调职务，这件事被唐继尧知道后，觉得机会来了，在 2 月 8 日、10 日连下了两道命令给驻粤滇军：一、指派李根源为建设会议之滇省代表；二、解除李根源滇军总司令职。同时声明："驻粤滇军由本督直辖，并就近秉承李烈钧参谋总长办理。"

2 月 13 日，滇军中的第三师、第四师的师长、旅长接唐督电文后通电表示愿意受李烈钧总长统领，唯独李根源的一个旅表示反对且要跟随李根源。此时，莫荣新也不愿李烈钧重掌滇军，于是他一面通电支持李根源为滇军总司令；同时在 14 日到 16 日派兵北上威胁。并且在 16 日通电："所有滇军部队，仍应由李督办根源节制指挥。"接着表示："驻粤滇军的军饷、军械都由广东供给，由此理应由本督管辖节制，尔后仍然如此。"

莫荣新此刻的搅局，使已经通电辞职的李根源在 21 日又通电复职，这个局面无形中造成了二李争夺滇军兵权之势。孙中山先生洞察了这一切，他知道滇军中绝大部分官兵接受李烈钧的节制，心里自然感到欣慰。于是，他在 2 月 24 日给李烈钧电报中贺道："今合浦珠还，用武有地，岂惟一人之庆，实亦邦国之光。……文深盼得如足下者群策群力，以达吾党最终之目的。"

在孙中山发此电文的当日，李烈钧正在军政府找岑春煊且当面质问他军政府为何要怂恿莫荣新去做一系列不光彩的事。岑春煊被他问得一时无奈而又无法作答，只好空言敷衍，显得非常尴尬。此时，李烈钧清楚当前夺回滇军的领导权之重要性，便以要巡视北江工事为由告辞离开了军政府，准备再次赴滇军的驻地。

这时候驻扎在北江的滇军内部发生了事端，那就是滇军大部队开始遵循李烈钧总长先前所制定的密令将滇军开赴始兴集结，然而李根源的一个旅不服从李总长军令而留在韶关不去始兴。李烈钧知道北江所发生的事后决定立即起程，按原定行程取道龙眼洞、太和墟，再由从化、翁源去始兴集结滇军，随后部队开赴南雄。

李烈钧在行前将此行路线报告了军政府，然而这份报告被莫荣新所探到。所以李烈钧一行才出广州不久，莫荣新就已经策动滇军中的赵德裕团、何富昌营在李烈钧必经之路上设伏阻击。同时，他又给沿途的各哨点发了戒严令，禁止粤汉线的列车通行。不仅如此，他还令沈鸿英、魏邦平、李福林等部在新街、太平市一线布防拦截，一时间截阻部队达五十余营、数万之众。

李烈钧心里很清楚在这一路上肯定会遭到桂系的围追堵击，所以他沿途格外谨慎，不惜绕道前行，即便遇上阻兵也不硬拼。2 月 20 日，李烈钧一行在花县新街与沈鸿英、魏邦平部相遇。此刻李烈钧令卫队不要恋战，边打边撤由小路突围出去。这一路艰辛走来已遭到桂系的多次袭击，然而面对此情，李烈钧仍采取迂回前进之策，终在 3 月 12 日抵始兴。驻扎在始兴的是滇军鲁子材和杨益谦的两个旅，当他俩知道莫荣新的桂军在沿途不断阻击李烈钧后非常愤怒，他们非要教训一下桂军不可。可是此时李烈钧则以大局利益为重耐心劝导滇军，从而避免了一场内战。

这时候，赵德裕听从了莫荣新的命令率团由韶关向始兴进发。李烈钧知道后认为此仗必打而且要狠狠打，即令鲁子材、杨益谦部迎战。江口一仗，滇军在李总长指挥下把赵德裕部打得落花流水，溃不成军，狼奔豕突。就在此时，驻扎在南雄的成桄部突然攻占了古录且企图进犯始兴。成桄乃是李烈钧的旧部，今日他竟敢出兵来袭，这是李烈钧所无法接受的，因此他大为震怒。

3 月 25 日九时，成桄部进攻马子坳。李烈钧亲自上阵指挥滇军出战痛击，双方交战还未几个来回成桄部已是招架不住而慌张溃逃。李烈钧抓住这个势头令鲁子材部乘势猛追猛打绝不留情，同时再派一个团跟进集中优势兵力将其一股全歼。

下午三时，李烈钧率领的滇军一鼓作气追杀到南雄，这就是李烈钧夺回滇军统领权的"出巡北山之役"。

李烈钧在粤北作战时，孙中山先生也在广东活动，他号召海军及黔、滇两省的军队支援李烈钧。3 月 4 日，滇督唐继尧给李烈钧电文中表示："尧当尽力为公后盾"。

桂系原本想趁李烈钧出巡北山之际沿途刺杀李烈钧，拔掉这颗钉子。但是事情的结果是却被李烈钧统率的滇军打得狼狈不堪，以失败告终。此时桂系为了保存剩下的部队欲向李烈钧求和，然而李烈钧认为桂系的所作所为已经到了无法挽回的地步，就坚决拒绝。桂系在这情形之下只好请岑春煊出面调解，岑春煊了解李烈钧是个重情面的人，于是他想到了吴介璋便请吴老代他去始兴劝说李烈钧停战。吴介璋来到始兴李烈钧就明白了他的来意，便从两个方面去考虑：一来是给自己的老师吴介璋一个面子；二来滇军也可以好好休息一下，顺势同意了吴介璋提出的停战建议。3月25日，北江战争正式宣告结束。

岑春煊知道北江已停火，便决定起程去韶关且电告李烈钧来韶关一晤。李烈钧接电后于4月1日赴韶关。

再说广州，由于伍廷芳突然出走导致了七位总裁中有四人反对军政府，随之是众议院副议长及国民党党籍的议员带着国会的重要文件离开广州去上海，此时的国会也支离破碎。这个时候广州可谓群龙无首，乱作一团。

再说，岑春煊刚到韶关就闻知广州时局的现状，他此刻已无心待在韶关，便急欲赶去广州。走时，他委托李书城、王有兰留下等候李烈钧且交代约李烈钧在广州会面。

4月2日，李烈钧由韶关来到广州。他见广州城内的秩序是一片混乱深感问题很严重，有点后悔这时候不该来广州。桂系见李烈钧这次未带军队只身来广州，以为机会来了，便设计下毒手。4月13日，桂系策动赵德裕带兵先把参谋总部围上。随后强行闯入军政府参谋总部，结果扑了空，未找到李烈钧。其实桂系那套伎俩李烈钧是轻车熟路早有防备。他到广州后在参谋总部没待多久就去了海珠的海军部。在海军部他知道赵德裕派兵闯进参谋总部，觉得广州要变天了，于是决定尽快离开这个是非之地，他在3月27日潜去香港。这时候，在广东的滇军已分成两部分：一小部由李根源带领，归入桂系改编为海疆军；大部分滇军仍由李烈钧参谋总长节制，驻扎在南雄。

李烈钧出巡之役后，统领着滇军稳定了粤北地区。这件事让孙中山先生感到非常欣慰，他认为有了李烈钧的这支军队能让他更坚定发动二次护法的信心。第二次护法的主要目的就是继续北伐，用革命的武装力量去打倒北洋军阀从而统一中国。为了让北伐能顺利进行，现在首要的任务乃是将面前的桂系军阀这只拦路虎除掉。为此，孙中山先生觉得北伐大业这件事须好好斟酌。

1918年9月，北洋系的徐世昌被选上总统之后，皖、直两大派系为了各自的地盘扩大，都在拉拢其他派系。直系拉拢南方的桂系；皖系则拉拢云南的唐继尧，同时也向孙中山抛出了橄榄枝。孙中山综合现状认为要想孤立桂系，不妨和皖系先周旋搞好关系。在南北间那种复杂状态下，李烈钧在1920年5月30日由香港去了上海。6月2日，唐绍仪、伍廷芳、李烈钧及唐继尧的代表在上海孙中山寓所开会。会上决定由四位总裁联名发表宣言，否认广州军政府的政令有效，并且提出南北恢复和议主张，在这期间，李烈钧的滇军已经入湘正与北洋军张敬尧部对峙。为了执行孙中山先生"上海会议"的精神，目前对北方言和政策下主要目标应定格在桂系军阀上，所以李烈钧在6月6日发表通电："现在滇军主力既已移驻衡、耒，即可协同维持。张督所部在湘原有防地，静候和会解决。"同日，李烈钧又给湖南的谭延闿及在湘省的朱培德电，要他们滇军"勿与北军激战"；并且命令朱培德开赴湘西，准备进入四川。

李烈钧依照"上海会议"的精神，遵循孙中山先生的政治主张，他决定去云南联络滇督唐继尧与其共事，随后入川创建新的革命根据地。于是他把手中的事务处理完毕后，便带上跟随他多年的部将及其的眷属由上海起程先去香港。在香港李烈钧把属下的家眷交由夫人华世琦负责照料生活起居，自己则带着部将沿他当年闯关的老路潜入云南。滇督唐继尧因事前已经表态同意孙中山在上海会议上的政治主张，所以李烈钧此次来昆明向唐继尧提出在四川建立革命根据地的计划，立马得到唐继尧的赞同和支持。

再说，国会议员在孙中山先生新思维的感召下纷纷由上海、广州两地前往昆明待发入川。7月15日，李烈钧、唐继尧在昆明欢迎远道而来的国会议员并且召集议员开会，在会上李烈钧与议员一起商榷将要在四川重庆召开国会议员大会的专题议项及大会各议程的筹备工作细则。

7月26日，李烈钧为了国会能在重庆顺利召开及与川省各界人士的协调，肩负着使命先行赴重庆。离开昆明之前，他已经电令在湘西的滇军可以进川了。

8月1日，川军司令吕超致电孙中山，盛情邀请他尽快来四川主持召开国会并且组织新政府。

孙中山接到吕超电后很兴奋，也知道李烈钧在川这段时间工作开展得很出色，心里一阵喜悦，他称赞李烈钧："协和先生上马能武，下马能文。诚不可多得之当代儒将"。8月31日，日孙中山复电滇、黔、川三省将领，表示赞同国会议会迁至重庆召开，且本人也将赴重庆共建新政府"共奠邦家"。川省的大好形势可谓昙花一现，9月伊始发生了逆转。其实在南方川、滇、黔三省间关系，始终游离于维持与妥协之间。川督熊克武虽是一位老同盟会会员，但他的观点还是倾向于政学系，所以他对桂系的态度与孙中山、唐继尧不一样，并且对唐继尧已经由之前的矛盾转变成反目。当川军总司令吕超表示欢迎孙中山来川时，熊克武就公然出面表示反对；当孙中山表态要来重庆时，川省两派之间的分歧就开始发生冲突，进而升级到兵戎相见的地步。9月4日，李烈钧见川省的局势不妙便急电孙中山先生，报告了川省近期所突发的事，劝其暂缓入川为宜。

9月5日，熊克武发起了对吕超的军事行动。他派军队进攻成都，成都守城的吕超部一时抵挡不住来势凶猛的攻击而弃城退至简阳。熊克武命令军队乘胜追击，同时发出通告：凡入川的滇军退出四川。此时，入川的滇军已在成都东门外至龙泉驿一线区域正与熊克武的川军相持。9月9日熊克武的部将杨森部占领了龙泉驿之后，部队的士气是越战越猛，他们凭着天时地利于26日又攻占了资中，紧随在10月8日一举拿下来泸州重镇从而威慑重庆。川省熊、吕之间的战争，必然会影响到在重庆的这些国会议员。他们目睹了川省当前的战火纷飞，如果还想在重庆召开国会议会已经是不现实了。10月14日，国会议员一致同意尽快离开是非之地重庆，另觅开会地点。孙中山见四川此状况也打消了赴重庆的念头，并且电告李烈钧马上离川去上海会晤。

回过再说，在8月初援闽粤军奉孙中山命：一路向东面向桂军进攻，此路粤军在陈炯明的指挥下一路势不可当，节节胜利；另一路在许崇智带领下从闽南出征南下广东，也是锐不可当，进展顺利。两路粤军在数月战斗的捷报让孙中山感到希望又来了，于是他急电在贵州的李烈钧让他先不要去上海，马上返回镇远带上军队挥师广东。李烈钧接到孙中山电后，立即掉头回镇远集结滇、黔、赣三军。

广东的战事至10月下旬起，陈炯明的粤军已经占领了广东中部地区，现在李烈钧所统率的三军也已逼近广东。岑春煊见此态势心里盘算着，这一次桂系是挡不住从三个方向杀过来的滇、黔、赣、粤联军，况且统领联军的是李烈钧，于是他在10月24日辞去了广州军政府的职务。岑春煊的撒手不干导致政学系的国会议员乱了方寸，他们见靠山倒了便各自逃离了广州。此时，孤掌难鸣的莫荣新也在26日带兵退出了广州。这样广州的政治格局由原先七位总裁组成的军政府瞬间瓦解。

北京政府趁南方政府解体之际在10月31日公然宣布：全国此时已经

和平统一。公布一出就引起了孙中山、伍廷芳的坚决反对且在 11 月 5 日电告在北京的靳云鹏，表示坚决否认已经全国统一。11 月 6 日，西南的李烈钧、唐继尧、刘显世也联名电告靳云鹏，表示："虽夙忧和平统一，而尤不能不斤斤焉注意国本。国本不立，而苟焉以从命，则所谓和平统一者，特一时耳。"

11 月中旬，孙中山先生回到广州。他在 29 日通电宣布恢复广州军政府，并且召开了政务会议，在会议上选定了各部部长，李烈钧仍被任命为参谋总长，孙中山以此举来告诉国人中国还未统一。广州军政府虽然恢复了职能，但行使的权限也仅限于广东一省。

此时，西南各省也在人事上发生了变化：四川的熊克武被他的部将刘湘所替代，自成一体；贵州的刘显世此时也被卢涛驱逐，不知去向；湖南的赵恒惕立居中游，别树一帜；桂系的莫荣新退出广东后盘踞在广西，窥伺着广东；唯独云南的唐继尧还是愿意与广州军政府合作，可是在次年的 2 月就被顾品珍赶下了台。

再说湖南，国民党人程潜将军在 12 月谋划推翻湘省的军阀赵恒惕活动，期间与李烈钧联络共同出兵打击赵恒惕。李烈钧根据湖南的政治格局，盘算着应该把握住和程潜合作的良机在湖南大干一场，于是他联系湘军的李仲麟一起配合程潜起兵拿下长沙。但是好事多磨，正当李烈钧要采取行动时突闻李仲麟在 2 月 25 日被暗杀身亡，这个结果让李烈钧原定的计划一下子被打乱了。1921 年 3 月，孙中山向国会提议，总统一职将由国会议员选举产生。孙中山这提议完全否认了北洋政府那个所谓的合法性，从而以此理由来组织北伐打倒一切军阀和封建势力达到统一中华。

在北伐的事上，陈炯明有着自己不同的观点。他主张先保境安民，然后逐渐团结各省。孙中山对陈炯明的论点当即驳斥，认为"国既不保，吾粤一隅，何能独保"。在孙中山力排众议下，二百二十多位议员在 1921 年 4 月 7 日再次召开国会且在会上通过了《中华民国政府组织大纲》，推选孙中山为中华民国政府非常大总统。5 月 5 日，孙中山在广州宣誓就任中华民国非常大总统。同时，他任命了各部的总长，参谋总长一职仍然由李烈钧来担任。

十二　挥师北伐　开云见日

　　孙中山上任中华民国非常大总统后，他的工作重心仍牵系着北伐大业及组建北伐军。这时候，桂系的陆荣廷、陈炳焜见广东的北伐呼声日升月恒便与北洋军阀勾结，他们沆瀣一气趁广东兵力空虚之际共谋进夺广州。桂系的伎俩传到广州后，孙中山在总统府召见了参谋总长李烈钧。两人对桂系行径进行磋商，李烈钧的态度非常明确。他说：当务之急是必须尽快荡平眼前这股阻碍北伐的桂系军阀，同时也能敲打威慑一下其他的地方军阀，只有这样去干才能保障北伐的宏图大业。两人商定后，李烈钧决定6月亲率滇、黔、赣三军对桂系军阀实施军事打击。李总长的战略部署：令胡愚若为先遣军司令，从湖南的洪江西进广西攻击柳州、桂林；令李友勋、龙云部由贵州进入广西攻击庆远，同时配合胡愚若部在侧翼作战；李烈钧则率朱培德、杨益谦部由镇远进入广西，直捣桂系的老巢桂林。

　　双方交战不久，桂系因受到广东联军的三路夹击攻势，正处在难以招架之困境时，桂系的刘震寰突然在这关键时刻临阵倒戈且控制了梧州，这对桂军的处境更是雪上加霜、险象环生。联军在李烈钧的指挥下一路所向披靡、锐不可当直逼桂林，桂军沈鸿英见大势已去，在 7 月 10 日通电脱离桂系且欲和联军和谈。7 月 14 日，孙中山电告李烈钧，说沈鸿英是个反复无常的人，万不可信。陆荣廷见联军已兵临桂林，部下又纷纷倒戈，败局已定，于是他三十六计，走为上策，在 7 月 16 日宣布辞职来摆脱困境。8 月下旬，李烈钧统领的联军攻克桂林后，陆荣廷的桂军几乎全军覆灭，广西境内的重镇全在联军控制之下，陆荣廷和陈炳焜二人也仓促只身逃离广西。

回头再来说，南方的孙中山联军与桂系的陆荣廷开战的时候，北方的直系和奉系间也在为争夺地盘厮杀着。孙中山认为机会来了，于是他和奉系的张作霖联络且准备与其联盟共同出兵南北夹击直系军阀。

此时，孙中山在想讨桂战争才结束，联军又全在广西境内，如何快速北上和奉军联手打击直系，他带着这一系列问题电告了李烈钧说明情由。经电话中商榷下来，制订了新的出征方案，将联军分几路由广西北上。

10 月 5 日下午五时，孙中山大总统在广州天字码头坐船出发，于 7 日到达梧州。在梧州孙中山与李烈钧面议且商定将滇、黔、赣、粤联军编成三个军建制的北伐军。同时，电召在惠州的陈炯明来梧州议事。可是，陈炯明心里早有他的盘算，所以对孙中山的电召置之不理。这时候唐继尧从云南来到广西柳州，他此行不是来参加北伐会议而是想把滇军拉回云南为他夺回云南所用。当孙中山知道唐继尧此来真正目的后，为了北伐军力不受影响便派龚师曾去柳州劝说唐继尧，李烈钧也派耿毅去柳州一并劝导。然唐继尧的决心已定，非带走滇军不可，所以任何人来说情都无济于事。唐继尧电告驻桂林的滇军，要他们不必再为"彼辈一二人（指孙中山和李烈钧）争夺地盘之工具，要先救云南，后维大局"。

孙中山知道后极为震怒，他想此刻唯有李烈钧出马方能稳住滇军，然李烈钧也意识到事态严重决定去桂林。孙中山知道李烈钧去了桂林心里也踏实下来，他清楚这支滇军是李烈钧一手带出来的，在这几年的转战岁月里他已经在滇军中树立了威信。果然滇军将士经李烈钧的说服后，唯独杨益谦旅长坚持跟唐继尧走，然全军官兵愿在孙中山的旗帜下继续北伐。杨益谦虽从云南护国起义就跟随着李烈钧征战多年且屡建战功，但此刻的李烈钧想的是人各有志，他同意杨益谦走但是部队须留下且当场免去他旅长职务，由胡师舜团长接任。事毕后令朱培德将杨益谦的部队带回桂林且任命朱培德为滇军总司令。事件经李烈钧果断处理后不仅保全了滇军，还使北伐军的军威大振。为此，孙中山在 11 月 1 日下令嘉勉了李烈钧这位功臣。11 月 15 日，孙中山从梧州出发于 27 日到达平乐，这里是赣军的驻地。李烈钧事前知道孙中山要去平乐，便提前由桂林赶到平乐迎接孙中山。当孙中山一行来到平乐码头时，李烈钧已率李明扬、赖世璜两位团长在码头上恭候。赣军在近期几次的浴血奋战已得到了锤炼显得格外英姿勃发，列队整齐地迎接孙中山检阅。当日，孙中山在平乐商会发表了北伐誓言，晚上参加了广东会馆举办的各界人士宴席。12月 4 日，孙中山在李烈钧的陪同下抵达桂林。桂林的各界民众已按李烈钧事前交代的规格安排就绪，从码头到孙中山驻节的桂王宫，沿途均搭建了凉棚且用五色布幔遮盖棚顶，百姓们也站立在马路的两旁挥手欢呼，孙中山的车队在护卫下安全抵达桂王宫。桂王宫坐落在独秀峰下，清代时是贡院，沿至民国后改为咨议局。孙中山在桂王宫召集了同僚共商组建北伐大本营且任命胡汉民为大本营文官长，李烈钧为大本营总参煤长。同时，任命朱培德为滇军总司令、彭程万为赣军总司令、谷正伦为黔军总司令，粤军则分成两部分：叶举、洪兆麟部由陈炯明节制留守广东；

另一部由许崇智、李福林统领参加北伐。在这次会上北伐军的建制完成了。12月14日，孙中山和李烈钧、胡汉民、许崇智等人商议出征事宜。在会上李烈钧提出了北伐方案：北伐军从桂林出衡阳，先取江西然后东进南京西夺武汉。这个计划得到与会者一致认同，北伐出征方案定下之后，各军司令也迅速返回驻地。再回头说，广东的后方也处在复杂的是非之中且层出不穷。身兼广东四职的陈炯明，他对北伐持不同意见并且对北伐军一直百般刁难。他不仅扣下北伐军的粮饷、枪械，还不断制造各种事端来阻挠北伐。亏得这时粤军参谋长邓铿设法为北伐军筹措军粮，使北伐军将士得以勉强维持生活，孙中山知道陈炯明在广州的所作所为很气愤，意欲回广州当面责问他，但考虑到北伐大业乃是当前一切之首，所以对陈炯明的处置暂先放一下待后再说。

1922年1月，孙中山在桂林大本营下达了北伐出征令，并且任命李烈钧为北伐军总司令。李烈钧接令后统率八万北伐健儿在桂林举行北伐出征誓师大会，会后北伐大军分三路进发北上。2月13日，赣军的赖世璜、李明扬部已经抵达湖南永州且继续东进。5月6日，北伐军先后攻克了雩都、赣州、万安之后又直逼省城南昌。这段时间北伐军的捷报频传势头一片大好，富田战役原本能歼灭这股北洋军的，可是天公不作美，大雨突降而引发山洪暴发。赣江的水位顿时猛涨，造成山坡塌方道路堵塞，使北伐军难以前行追击，眼睁睁看着北洋兵逃去。

在北伐军鏖战于赣南地区时，盘踞在南宁的叶举，此人是陈炯明的死党，他突然擅自带兵回广州。这个消息传到韶关北伐大本营的孙中山耳中，他感到叶举此次行动不是偶然的必有阴谋。几天前收到李烈钧在攻克赣州时从缴获北洋军的电报中意外发现陈炯明与陈光远间勾结的电文，所以孙中山才会预感广州发生的事有蹊跷，于是他在6月7日带上卫队由韶关赶回广州。6月15日，李总长召集各军司令回韶关大本营开会。会上，李烈钧对广州目前所发生的事及下一步作战方案两个议题请诸位将军一起研讨。在第一个议题上，大家一致认为广州的状况，如果说北伐军在江西战场失利了，陈炯明肯定会落井下石；反之我们现在一鼓足气挫败在江西的陈光远北洋军，量他陈炯明也不敢轻举妄动。将军们的分析正合李烈钧之意，此议题通过。接下的第二个议题就简单了，仍旧采纳李烈钧的三军并进之策。滇、赣两军及许崇智、黄大伟的粤军，分途北进。北伐大军在总司令李烈钧的指挥下在江西战场上节节胜利，三路大军已会师于江西的省城南昌。

这时候，在惠州的陈炯明以为北伐大军远在江西与北洋军作战，广州的兵力必定空虚，此时正是擒拿孙中山的最佳时机，况且北洋军的陈光远在6月11日来电中也在敦促："前与尊处所定夹攻北伐军的计划皆未照行。……务必于本月15日之前，照行所计划。"

陈炯明鉴于上述综合情况，心里沾沾自喜，想着今有北洋军的军事支持，何不趁北伐军远在江西战场之机会先干起来，但是又想到动手是件大事，万一事态扩大而无法收场怎么办。正在他举棋不定时，他的心腹爱将叶举、洪兆麟站出来力挺他，并且说：现在不动手何时再动，你大哥不必亲自出面一切由兄弟来做。于是，叶举通电全国："请孙中山、徐世昌南北两个大总统下野。"同时，又提出"以武力要挟孙中山让陈炯明复职"的口号。

6月14日，叶举、洪兆麟首先设圈套把广州国民政府的财政部长廖仲恺先生以莫须有之罪名逮捕，其次在6月16日凌晨二时指挥驻广州的粤军悍然进攻总统府及孙中山的寓所越秀楼。

叛军的主攻目标乃是越秀楼，他们包围之后叫士兵们高呼口号："打死孙文！打死孙文！"来造声势，随后向越秀楼发起了猛烈的攻击，可是都被孙中山的警卫团阻击在大门外。警卫团团长陈可钰的手下，一营营长薛岳，二营营长叶挺，三营营长张发奎，个个骁勇善战，现在除张发奎的三营留在韶关大本营外，薛岳、叶挺两个营都在总统府守卫。

攻打总统府的叛军一时难以破门而入，于是调来炮团助战，大炮架设在观音山且炮口对准了越秀楼。这股叛军在火炮的掩护下，总算冲了进去，他们见孙中山已不在越秀楼便纵火焚烧，这些兵痞简直是狂妄至极。远在惠州的陈炯明遥控指挥了这次广州兵变。此时，他一不做、二不休，又从广东的石龙调兵遣将进入广州与城内的叛军会合占领广州国民政府的重要机关，并且把文件、资料、财物洗劫一空。一些留在广州的国会议员也难逃厄运，他们遭到了叛军的肆意搜查及被驱逐出广东境外。国会议员受到极大的伤害，他们对陈炯明的暴虐行径痛心疾首，而纷纷站出来控诉道："此等阴毒手段，袁世凯无此专横，即张勋也无此暴戾，举袁、张不敢为者，而陈逆竟擅行之，实属无法之极。"

回过头来再说陈炯明，在他兵变之前，孙中山的得力干将黄明堂、欧阳丽文夫妇匆匆来到总统府面见孙中山。他们说出个天大的秘密，那就是陈炯明要背叛孙中山并且要动武了。事情是这样，在不久之前陈炯明派人去他们军营送上二十万银圆和礼品，拉拢他们俩归顺陈炯明，一起反对孙中山，他们俩闻到了陈炯明要用武力解决孙中山的意图后，感到事态严重，所以赶来广州通报。孙中山知道之后很感激他们俩及时透露这些重要的信息，所以平定叛乱之后他为奖励他们俩，特任黄明堂为建国军第四军军长，欧阳丽文任该军第三旅旅长参加北伐。再说，在叛军行动前孙中山已在卫士马湘等人护卫下匆匆离开总统府。一路血战冲破重围，辗转来到停泊在珠江江面上的"永丰"舰。此时，已怀孕的宋庆龄在薛岳、叶挺的保护下冒着枪林弹雨从越秀楼来到岭南大学。孙夫人在突围途中小产了，后来竟然再无法生育，可见当时的局势多么紧张。岭南大学校长钟荣光见到疲惫的孙夫人，马上安排她休息。随后，由卫士那文护送去香港，再从香港坐船去上海。

6月19日，孙中山在"永丰"舰上发出了第一封电报。把陈炯明兵变的事电告了北伐前线的李烈钧，并且密令他率北伐军回师广东平叛。此时，北伐军总司令李烈钧已患上了伤寒病，但是他仍然在大庾的北伐大本营指挥着北伐军将南昌城围住了。当他接到孙中山由"永丰"舰上发来的加急电报后知道陈炯明在广州兵变且控制了广州的政局而非常愤怒，但他很快平复了情绪，也感到现在摆在面前所需处理的事很棘手。一是现在即可攻取南昌；二是后院起火待灭。于是，李烈钧急召各军司令来大本营开会，通报广州兵变事件及下一步计划。在大本营会上，李烈钧首先对陈炯明的背叛行为表示严厉谴责，同时也将当前的战局利弊作了客观的阐述。他认为：南昌城内的北洋军已经被我们围困多日，弹药、粮饷估计已经几乎断缺，如果此刻趁北洋援军未到达之前，我们发起总攻就能一鼓作气拿下，已是唾手可得的事。我们攻取南昌后，可以留下部分精兵守城，其余各军速回广东收拾叛军也不迟，况且孙中山先生已经脱险，上了"永丰"舰也是安全的。综述以上情况诸位请考虑定夺，是攻取南昌，还是撤回平叛？李烈钧的话刚落，北伐大本营文官长胡汉民、粤军司令许崇智对李烈钧的建议表示反对。

胡汉民认为广州现在正处于危在旦夕之中，围攻南昌的北伐军应该马上撤出阵地回师平叛，待平定了叛军后再回过来打嘛，以救急为重。在座的各军司令中多数也同意胡汉民的说法，于是会上两种意见者争执不下。李烈钧虽然对胡汉民的主张持不同观点，但他还是尊重多数与会者的意见决定停止进攻南昌立即回师广东平叛。

这时候，李烈钧的伤寒病已很重了，但是他在会上还是硬撑着下达了回师靖乱的命令。他将北伐军有序地撤出围攻南昌的阵地，令许崇智部为先锋部队即刻向韶关出发，其他各军尾随跟进，仅留下赣军赖世璜部牵制北洋军。

先说北伐军回师广东，当许崇智部刚到韶关就遭到了陈炯明麾下的翁式亮部在帽子峰的阻击。两军在马坝摆开了对阵架势，就在双方亮剑的那一刻许崇智的第一师师长梁鸿楷突然率部临阵倒戈，这样双方间的兵力对比瞬间起了变化。此一刻，许崇智不仅失去了一个师的兵力而且使整个军团的军心顿时出现一片混乱，导致许崇智全军无心再战放弃了阵地退至始兴。部队到了始兴后仍然无斗志，又继续后退，到了南雄才算是喘过气来。

回说，困在南昌城的北洋军见围城的北伐军一下子离开了阵地往南去了，心里一阵高兴总算摆脱了困境。适逢此时由九江派来的北洋援军也赶到南昌，他们知道北伐主力已调头去广东了，这两股北洋军便联合出击反扑留守江西的北伐赣军。赣军赖世璜部要面对比自己多出几倍兵力的北洋军进攻，交战不久赣军实乃无力招架，赖世璜不得不急电请示总长李烈钧。李烈钧接电后马上电告赖世璜，令他千万不要再硬拼下去，立刻组织撤出战场且迅速赶往大庾。

话题回到北伐军回师广东，许崇智部退到南雄后没待几日又退到了瑞金，然余维谦、欧阳棠等部也退至遂川，北伐军此时是节节败退，形势相当严峻。

原本北伐军是杀回广东讨逆陈炯明，可是现在却被陈炯明的粤军阻击在广东境外，同时又面临从南昌杀过来的北洋军。胡汉民、许崇智是

　　　　　　　　　　　　　　　铁血将军李烈钧

做梦都没想到北伐军由先前的主动进攻演变成受到南北夹击被动之状态。

北伐军总司令李烈钧意识到目前的事态很严重，战况非常被动。这时候，他率领的北伐军一部，虽然越过了湘赣省界到了湖南，但是赣军的第一梯团没有越过省界，被围追过来的北洋军缠住。最终，因双方兵力悬殊而被迫缴了械。

9月2日，李烈钧一行来到湖南长沙。在北京的黎元洪知道李烈钧已经由江西去了长沙，他电请李烈钧能否上北京一起共事，可是李烈钧对黎元洪的邀请丝毫没兴趣且以不予理会之态度仍在长沙继续养病。

在长沙养病的日子里，李烈钧始终在琢磨江西这场战役，并且认真回顾这次北伐征战江西的历程及回师广东平叛陈炯明那一段功败垂成的经历，作了深刻反省与总结。

这时候，广州传来孙中山已在8月9日下午，与汪精卫、蒋介石、陈策、陈群、黄龙等人乘上英国炮舰"摩轩"号离粤前往香港，翌日转乘俄国"皇后"号轮去了上海，李烈钧闻讯后也就放心了。

北伐滇军在朱培德的率领下正顺利到了湘桂省界准备进入广西，赣军则在李明扬、卓仁机的带领下留在湖南等待李烈钧的指示。

9月4日，孙中山在上海召集了党内五十三人开会，讨论的议题是重组国民党及联俄、联共等诸方面之问题。李烈钧对"上海会议"的主题表示赞同且欲赴上海面见孙中山先生，他临行前嘱咐李明扬、卓仁机在湘等候他的消息，再作打算。

再回过来说孙中山，他在"永丰"舰上指挥海、陆二军迎战叛军且冒着叛军从岸边发出的猛烈炮火闯过了沙基寨叛军的防区安全抵达白鹅潭。期间，孙中山在"永丰"舰上任命了程潜为讨逆军司令由湘东进入广东平叛。可是程潜率领的讨逆军在两个月的征战中进展缓慢而未成效，一时间也难以平定陈炯明的粤军，所以孙中山先生决定8月9日离开广州去香港再转赴上海。

在上海，孙中山会晤了中国共产党的创始人李大钊，双方对当前的中国之局势进行了坦诚、广泛之交流与沟通。孙中山认为时下的国民党党员已经斗志涣散，必须从思想和组织上加以整顿，并且感到共产党的某些论点与己一致。所以，此次会晤使两党间在某些方面达成了共识，为两党的紧密合作、共谋北伐大业奠定了基础。

9月14日，李烈钧由长沙来到上海。次日，他在《民国日报》上刊登了启事，其声明："在沪养病期间，不出会，不复电。"李烈钧登此启事其目的是为了拒绝黎元洪对他的拉拢，然事实上他到上海之后常与孙中山先生一起讨论时局及对本党存在的问题，同时对孙中山先生所提出的"联俄、联共"主张表明支持的态度。

再回来说许崇智、李福林，他们带领下的北伐粤军从江西瑞金撤向福建的一路上是翻山越岭、风餐露宿。这支部队转战宁化、建宁、泰宁、邵武、建阳后又南下建瓯，直取古田。随后西行南平与王永泉部会师，之后沿闽江而下攻击福州。

10月13日，许崇智部占领了福州，驱逐了隶属直系的闽省督军李厚基，控制了福建。北伐粤军在这几个月里是边行边战已经疲惫不堪了，福州攻下之后全军算是松了一口气，于是边休整边招兵，没过多久部队已经扩充到两万余人。

1923年1月4日，孙中山在上海发表了讨伐陈炯明的通电，历数了陈炯明叛变害民的罪行，表明了讨逆军的任务"为国家除叛逆，为广东去凶残"，此举得到了广东各界的响应。不仅如此，在叛军的内部也起了分化，且发生了哗变倒戈。

1月15日，在汕头的洪兆麟宣布脱离陈炯明阵营表态拥护孙中山。之后，不少陈炯明的旧部先后也表示拥护孙中山且欢迎孙中山回广州执政。

陈炯明在旧部及社会各界的压力下，在15日通电"宣告解职，完全下野"。不久，他离开了广州经惠州、海丰转赴香港定居。

在香港，陈炯明仍然有其市场。因为他的主力部队未遭到重创而最关键的是这支部队还紧紧握在手中，所以有了这股军事力量的支持使他能得到当地豪绅及英国当局的庇护，让他肆意妄为。他在香港没有闲着，仍遥控指挥在粤的旧部且虎视威胁着广东国民政府，他密令叶举等部由广州退回惠州老巢；令洪兆麟等部撤向北江韶关一带，以便与北洋军驻江西的孙传芳部取得联系伺机反扑。孙中山先生到上海后虽感疲惫，但他还在思考着新一轮的革命。他对二次护法运动的屡遭挫折，尤其是陈炯明的兵变深感痛切。同时，他也意识到北伐要想取得成功不能再依赖西南诸省的军阀部队，必须去寻找一条自身斗争的新路径。在孙中山心里其实已有了答案，去找一个可靠的、强有力的外援，此时他认定了苏联。

苏联代表越飞同志应孙中山之邀于8月25日由北京来上海，孙中山在寓所与越飞同志亲切而深入交流。越飞同志说，我党能够最终夺取政权，完全是本党拥有了两大"法宝"。第一法宝是有坚定的群众支持；第二法宝是拥有一支忠于本党的军队，用"主义""理论"来武装军队，这样的军队才会是战无不胜的。苏联顾问越飞同志的这番话有如一道撕裂黝黑苍穹的闪电，使孙中山彻底醒悟了。

他决心拜苏联为师，建立属于本党的军队，以革命的武装去夺取政权，这才是当今中国唯一可行之路。

这时候，广州各界来电盛请孙中山先生回穗主政。此时孙中山正与越飞同志商榷联俄、联共及改组国民党事宜，所以不能分身去广州，因广州的形势确实需要去治理。他想到去年10月20日去香港的李烈钧，由他代行大元帅职权先行广州主政是最佳的人选。

1923年1月20日，孙中山在上海致电香港的李烈钧特任他为广州大元帅府代行大元帅职权，李烈钧收到孙中山的电报后即刻起程广州上任。

适时，驻在潮梅地区的陈炯明旧部五个师突然联名通电，愿意服从孙中山的广州国民政府。于是，李烈钧以代行大元帅的身份由广州去潮梅地区收编这五个师。然这些部队都曾经受过李烈钧参谋总长的节制关系处得融洽，所以整个收编工作进展得相当顺利。此时，在北方的段祺瑞也想拉拢南方诸省的将军，为一统天下打下基石。时见李烈钧代行大元帅在潮梅收编了陈炯明的五个师，也向他抛出橄榄枝并且派专人押送一百万元大洋去广州送给李烈钧，希望李烈钧能为其所用。其实李烈钧心里清楚段祺瑞此招的用意且心中已有打算，所以他在面上还是做到礼送差使收下这笔巨款。使差走后，李烈钧将这些大洋放到了参谋总部的一间柴房内并且取名为"藏金屋"。

"藏金屋"的事很快在民间流传，慕名来参谋总部造访"藏金屋"者很多。凡是老友中及经济上困难者来访时，李烈钧都会亲自带到"藏金屋"说："这间柴房内有一百万元大洋都是北洋政府送来的礼金，现在是见者有份，需要者可取之。"没过多久，这一百万元大洋就散尽了。事后有人笑着对李烈钧说："李总长，你也真傻。你若携此巨款远居海外，何愁下半辈子没有钱花？"可是，李烈钧却坦然哈哈一笑回道："钱乃是身外之物，生不带来，死不带去，反累其身嘛。用于周济穷人，支持革命岂不更有意义！"

李烈钧在代行大元帅职的那段时间确实做出了不少成绩，首先顺利地收编了陈炯明在潮梅地区的五个师兵力，并且稳定了广东的政局与民心。然而，他所做的这些事却遭到了胡汉民等人的忌妒且放出一些不实之词来攻击他。可是，李烈钧对他们这些流言蜚语不屑一顾，他仍然以稳定广东的大局为重而不予理会。

1923 年 1 月 28 日，沈鸿英趁李烈钧代大元帅去潮梅地区收编部队之际，突然派出军队将广州卫戍司令魏邦平之部给缴了械，从而控制了广州。

沈鸿英的这次军事行动，破坏了秩序，造成了广州各界的紧张气氛。他这次采取军事行动之前未告知其他驻粤各军，所以各驻军将领都不知沈鸿英究竟葫芦里卖的什么药，一时间都保持了沉默。唯独滇军将领刘震寰、朱培德把沈鸿英在广州兵变的事电告了在潮梅的李烈钧，同时将滇军先撤离广州以静观事态的发展再作决策。

此时的沈鸿英虽然一时独霸了广州，但也得罪了其他驻粤各军将领，尤其是在潮梅地区刚收编的那五个师反响特别强烈，他们一致要求李烈钧带领他们杀回广州平叛，保卫广州国民政府。

这时候，在福建的许崇智闻知沈鸿英兵变且霸占了广州也非常恼火，他下令全军向广东出发讨伐沈鸿英。

其实，沈鸿英突然来这么一招，可以说他自己都讲不清楚为何要这么做。所以，兵变不到两周的时间他在 2 月 6 日突然主动把部队撤出了广州。同时，他又通电表示欢迎孙中山回广州主政。

沈鸿英这件亲自主导的荒诞事只能说是他自己搬起石头砸自己的脚。

孙中山与苏联全权代表越飞同志经过多次坦诚地协商后，于 1923 年 1 月 26 日在上海签订了《孙文越飞宣言》，宣言承诺：苏联不将共产主义和苏联的制度引用于中国，苏联政府准备并愿意放弃沙俄时代对中国的一切不平等条约，……苏俄会与国民党共同努力促进中国统一……此外，苏联对华的援助也是靠谱的。所以，在宣言签订后孙中山感到万分欣慰，现在总算有一个强有力的靠山支持中国的国民革命。

这时候陈炯明的叛军虽然已离开了广州，但孙中山对广东的局势其实并未掌控在手中。原因其一，广东境内的杨希闵、刘震寰等军阀割据为王；其二，孙中山手中没有钱；其三，孙中山此时已疾病缠身且56岁了。尽管如此孙中山到广州后还是重组了一个政府，名称由先前的"中华民国军政府"改成为"陆海军大元帅府"，他为陆海军大元帅。两次护法运动的经历，使孙中山明白了一个道理：创造条件要先练好内功才是硬道理，只有具备了政治、经济和军事的综合实力才有北伐取胜之机会。同时，他对两次护法运动的失败作了深刻的总结，在这一系列事件中，让他刻骨铭心的乃是本党以李石曾为首的四十九人联名通电逼他下野的那件事。

所以，他认为现在本党的改组必须提到议事日程上，首先想到中国共产党是唯一能帮助改观本党建设的合作者，由此更坚定了他与中国共产党合作的信念，共同开辟国民党的新生之路。

当前，孙中山在广州为了稳定广东的革命政权，第一步就是要肃清广东境内的叛军。于是，孙中山在3月9日至17日间，先后两次电告李烈钧。第一次是电令李烈钧率领收编的五个师移驻闽南，闽南的许崇智部开赴潮梅地区，两大军团互换防区；第二次是任命李烈钧兼任闽粤边防督办。

在潮梅地区的收编部队对互换防区很有意见且不愿去闽南，李烈钧对这次两军互换防区也有看法，他原本主张将这支收编部队带往江西可以对北伐有利。可是，许崇智对李烈钧的提议认为是他对收编部队的姑息，要求收编部队去闽南且将营级以上的军官一律撤换，如有抗命者即予军法处置。

当许崇智这个主张传到潮梅营地后，顿时在军中引起了强烈不满。尹骥等部首先发难，他们认为许崇智的做法太不公道且要与其一决雌雄，瞬间变得火药味十足。

在这个时候李烈钧显得很冷静，他为了稳定军心便对收编的各师将领进行耐心且因势利导的劝解，经过一番劝说之后总算是消除了那些师长的怨气，这些将领表示服从李总长的指挥。

风波平息后，李烈钧在4月7日复电孙中山："复率部赴闽，以潮梅全部，交由许接防。"孙中山也在4月20日去电嘉勉了李烈钧，电文："知率所编各师移防，已为周妥，极为嘉慰。吾兄连年戎马，未获安居而移驻闽疆。师行日远，想念贤劳，领迟靡及，幸努力前途，以副厚期。"

李烈钧统领收编部队的各师师长洪兆麟、林虎、赖世璜、刘志陆部向闽南开始移至，其中尹骥部原本就是陈炯明的嫡系，现在只因形势所迫才无奈倒向孙中山阵营。此时，让他离开老巢去闽南，自然是怨气满腹只是以屈求伸罢了。

在香港的陈炯明始终虎视着广东，他在5月秘密部署旧部准备伺机反扑，首先由杨坤如等部在东江倒戈。

这个消息传到了刚到闽南的洪兆麟等人耳中，他们感到动手的机会来了，于是集结了部队掉头杀回广东。

5月15日，洪兆麟部攻占了潮州、汕头二地，并且把许崇智部给拦腰截断。这时候许崇智部在兴宁、梅州处又遭到林虎部的攻击，许崇智部一下子面临两面夹击的攻势损失惨重而溃败。

这种局面的出现，使李烈钧深感形势严峻便由汕头赶去漳州搬救兵。漳州是赖世璜、刘志陆部的驻地，在此时能听从李烈钧指挥的也只有赖世璜、刘志陆、苏世安部了。

收编部队的哗变，李烈钧认为：原本这些收编军队都不是为民主共和而战的革命党人，对待这样的军队须有一个安抚、引导之过程。现在突然调防且调至他们不愿去的地方，贸然调防必会引起他们的怨气。收编这支部队原本是件好事，由于在调防区域上处理不妥而引发他们倒戈，李烈钧也有一股气憋着，为此他"由闽遣散干部，自赴香港休养"。这件事过去不久，谭延闿多次出面劝解李烈钧，同时孙中山也致电李烈钧尽快回广州共事。其实李烈钧走民主共和之路的信念始终不渝，所以先前的不满情绪也就消除了，他仍以大局为重返回广州继续担任参谋总长协助中山先生平定陈炯明的叛军。

这时陈炯明的主力部队均盘桓在潮梅地区，其林虎的黄任寰、黄业兴、王定华等四个旅；翁式亮、钟景棠的各一个旅；洪兆麟所部的尹骥、李云复两个旅；海军的"肇和""楚豫"号军舰，军事力量不容小觑。可是在这些部队也不是铁板一块，其中赣军对陈炯明的一些做法是不满的。赣军的赖世璜部防区在饶平与上杭间正颇扼险塞之势，并且有苏世安旅的策应，所以能利用地形优势与叛军抗衡。10月28日，孙中山再度任命李烈钧为大本营参谋长，全权指挥联军与陈炯明叛军决战。11月3日，陈炯明电令在惠州的叶举部和潮梅地区的洪兆麟迅速南下直逼博罗。

此时，孙中山和李烈钧也由广州来到石龙，李烈钧在石龙设立联军指挥所迎战。他令联军许崇智部、刘震寰部、杨希闵部、朱培德部须在11月11日正午之前，务必到达作战指定位置。各路联军由于前段时间一直在征战已是十分疲惫，加上一路行军艰辛而造成未能在所规定的时间到达预设位置反被叛军抢占了先机，使得联军一下子处于被动状态。李烈钧知道后立即调整方案，他令李济深、卓仁机部迅速移至石滩布防来稳定战局。可是，联军各部又在协同作战上失误而掉了链子，这就让叛军占了上风，联军只好退到石龙。联军此次征战讨逆才两天时间，先后丢了平山、河源、博罗，石龙的联军指挥部也就成为叛军正面的攻击目标，联军别无选择，只得弃守石龙退向石滩。

这时候，孙中山及各路军司令一时也无良策去改变战局，全军陷入危机之中。李烈钧提出建议，让孙中山和文官先回广州，自己则留下断后。孙中山走后，他采取有节奏的撤退战术，令各军分路抢渡东江河且在广州外围构筑工事待战。李烈钧在重新布置联军防御阵地的同时，为了有效击退且消灭这股正面扑来的叛军，对陈炯明的战术进行仔细的分析最终作出了判断。他认为叛军的主攻方向很有可能由增城经北部地带进入广州的东北处，袭击龙眼洞、白云山，得手之后直驱广州；或绕道从化、花城，避开海上军舰的炮击直捣广州。

11月14日，李烈钧召开军事会议。会上他下达了命令：一、在石滩、增城设第一道防线且死守阵地待援。二、滇军第四、五、六师，迅速由广九铁路线增援石滩。三、东路联军主力，迅速由龙门埔、神冈墟增援石滩。四、杨希闵部在沙河及上元冈、下元冈处待命，作为增援石滩的预备队；同时坚守由火炉山至上车陂村及江岸一线的第二道防线左翼。五、朱培德部在龙眼洞处集结，作为增援石滩的机动队；同时坚守连接火炉山、大芋嶂的第二道防线右翼。此役总方针是巩固二线，奋战一线，最终全歼叛军。

11月17日，陈炯明的军队开始攻击且想一鼓作气直取广州。叛军初战迅猛且很快逼近瘦狗岭，联军在李烈钧的指挥下死守石滩顽强阻击，战役最后联军由守转为全线进攻。11 月 19 日，叛军被联军打得狼狈不堪，全线溃逃。战斗不到十天时间，联军大获全胜，再次证明李烈钧的军事才能。广东局势稳定之后，孙中山又把国民党改组的工作提到议事日程。他曾在 10 月 24 日发表"致党内同志函"，并且宣布了两项决定。一是，委托廖仲恺、邓泽如召集特别会议，商讨国民党改组的议题；二是成立临时中央执行委员会，全面负责改组工作。孙中山这个提议在当时遭到了党内很多同志的反对，特别是在 11 月 29 日，由邓泽如为首的十一人以国民党广东支部的名义给孙中山上书"检举共产党文"。这时候面对党内出现不同意见的声音，孙中山力排众议，仍旧坚持自己"联俄、联共、扶助农工"的政治主张，最后说服了一些持不同观点的同志，为国民党的改组及国民党第一次全国代表大会的召开奠定了基础。1924 年 1 月 20 日，中国国民党第一次全国代表大会在广州隆重召开。大会选出了国民党中央执行委员会委员二十四人：廖仲恺、李烈钧、胡汉民、汪精卫、张静江、居正、戴季陶、柏文蔚、林森、邹鲁、丁惟汾、石瑛、谭延闿、覃振、谭平山、石青阳、熊克武、李守常、恩克巴图、王法勤、于右任、杨希闵、叶楚伧、于树德。

会上国民党实行改组的事虽定下，但前提须解决两个重要议题：一是尽快建立本党军校培养国民党自己的军事人才；二是要在本党实行"联俄、联共、扶助农工"的三大政策。可是这三大政策在本党内还有不少同志反对，这就造成了两派间争论不休的场面，后经孙中山的据理力争本党才过半通过。在会议期间孙中山还特意征询了中执委员李烈钧的意见，李烈钧当场表态赞同三大政策。同时，他对本党建立军校的必要性阐述了观点。本党之前为实现民主共和所做的斗争主要是依赖南方诸省的地方军队，然地方军队与本党的政治目标不同，常在共事上分分合合，因为他们都在为自己利益扩充地盘而战，所以每到关键时候他们自然会动摇乃至临阵倒戈。我们唯有一支能忠于本党事业的军队，革命方能成功。为此，李烈钧建议："健全本党，急应培储党军干部为当务首要解决之问题。"孙中山听后，心里万分欣慰，更坚定了创建军校的信念。

在选择军校校长时，孙中山虽然心中有几位人选，但一时难以定下，于是他去征询李烈钧的意见。李烈钧鉴于如下几个因素向孙中山推荐了蒋介石，且说："校长一席，非蒋莫属。"其一，在 1922 年 6 月 16 日，陈炯明在广州发动兵变围攻总统府使你登上"永丰"舰。在这非常时期蒋介石上"永丰"舰，他与海军并肩作战历时五十五天，期间始终护卫在你的左右寸步不离，出谋划策及应对处理军务稳定了局势；其二，1923年 8 月至 12 月间，蒋介石受命于你率领中国国民党军事代表团赴苏联考察军事、政治与党务工作，并且负责和苏联政府商榷对华有关的人力、财力援助事项谈判的使命。他此行不孚众望且圆满完成了预期目标，同时他在苏联期间的政治表现也博得了一个联俄派赞誉。李烈钧的一席话孙中山听后也有同感，可谓不谋而合，孙中山曾把自己同蒋介石的关系说成"如身之臂，如骖之靳"。不久，孙中山任命了蒋介石为中国国民党陆军军官学校校长。1924 年 1 月 24 日，陆军军官学校筹备委员会成立，蒋介石为筹委会委员长启动建校的各项工作。军校校址选在黄埔岛上原广东陆军军官学校旧址，黄埔岛面积 6 平方公里，距广州市区约 20 公里。岛上林木葱茂、山峦起伏、风景秀丽。然此岛四面环水，筑有炮台多处与隔江相对的鱼珠炮台、侧面的沙路炮台构成三足鼎立之势且控制了江面，易守难攻，适宜军校师生的学习、操练。

1924 年 6 月 16 日，"黄埔军校"在共产党的帮助下及苏联军事物资支援下成立了。开学典礼这一天，李烈钧、谭延闿等人随同孙中山及其夫人宋庆龄于清晨从广州出发去黄埔。他们一行站在军校大门两侧悬挂的"升官发财请走他路，贪生怕死莫入此门"，横批"革命者来"前方一起留影合照，完后在蒋介石校长的陪同下一起迈进了军校。首先巡视了军校内四周的环境，接着参观了学生上课的教室、宿舍、食堂、教师办公楼及各种训练器材等，孙中山一行人无不露出满意的笑容，大家拍手称赞是一所合格的军校。开学典礼在上午九点四十分开始，孙中山首先上台演讲。他重点论述了中苏两国革命的历史经验，阐述了建立军校的必要性，明确了建立军校的目的："就是要求军校中的每一个学生须树立起革命之奋斗精神，立下坚定的革命志气'一生一世'都不存有升官发财之念，只知做一个救国救民之士。"演讲毕，台下是掌声不断。之后，李烈钧作为国民党的军事负责人也上台阐述了本党建军宗旨的理论及每一位学生应该具备的军人品质。各位前辈也先后发言，鼓励军校师生将国民革命进行到底。最后一项是观摩军校师生阅兵，全体师生排列着整齐的方阵队形，迈着铿锵有力的步伐走过检阅台接受革命的洗礼，彰显了黄埔军人那种战天斗地、自强不息的英雄气概。

时年 2 月，孙中山发表了《建国大纲》一文，大纲中建国程序分为"军政、训政、宪政"三个时期。发表之前，孙中山之子孙科请李烈钧为此大纲作跋。李烈钧拜读后欣然提笔作跋，他在开篇中写道："甲子孟春，哲生市长出示总理孙公书授《建国大纲》，嘱为题跋。盥诵之余，既仰孙公用意之深，复佩哲生继述之善，盱衡俯仰，不能无言。"李烈钧在跋中提到西欧国家，曾言："虽倡民族自决之论，以博世界之欢迎，然其国政治，对于殖民地之政策果平等否？对于受压迫之民族果然助其解脱否？"继而提到俄国革命，有言："实开新世界之一大纪元……然列宁逝矣，余因之有感焉……使俄而仅一列宁也，则今后之俄国必不可为，使世界仅一列宁，或更无驾列宁而上者，则今后之世界亦必不可为。"这是李烈钧赞同孙中山在 1923 年 11 月亲手制定的"联俄、联共、扶助农工"三大政策的又一次鲜明表态。他在跋中最后写道："孙公创国，垂四十年，微特倡导提斯，足为世表，而以万几总揽之身，履险如夷，出入于枪林弹雨之界，挽国基于既倒，促大业其将成，又奚媲哉。""今者党务重组，庶政并举，既创《建国大纲》，复书以授哲生……受厘陈戒，昔贤所尚，余不禁于哲生深有所望，并为世界之崇戴孙公，热心国事者，有所冀焉。（李烈钧 谨跋）"孙中山在本党要实行三大政策也并非是一帆风顺，党内两派间在围绕着三大政策的实行上纷争不息。李烈钧虽坚定不移地站在孙中山这一边，但他的本意还是希望本党同志间的意见分歧能通过协商调和来达成本党的共识。

6 月 1 日，国民党党内的右翼向国民党中央委员会提案要求在本党及政府中担任职务的共产党员排出本党的议题，于是在中委会上两派间展开了争论，一时间闹得不可开交。此时，孙中山正在白云山养病未参加会议，所以会议刚结束张继、于右任便赶去白云山向孙中山汇报白天会议的状况。当晚，李烈钧奉孙中山之命约请了党内两派的代表胡汉民、汪精卫、廖仲恺、戴传贤、刘成禺、孙科等人晚宴，设想通过晚宴坐在一起交流来促使双方在思想上达成共识。但是，党内的分歧纯属政治范畴，那是不可能在短短的一次晚宴时间所能解决的，结果自然是不欢而散。此刻，孙中山也拿不出更好的办法去化解党内的政治分歧，他只好等苏联顾问鲍罗廷同志来广州再议了。

6 月 22 日，苏联顾问鲍罗廷到了广州，国民党中央党部决定在 6 月 23 日召开中央委员全体会议。翌日，会议开始双方就围绕着孙中山先生倡导的三大政策展开了激烈的争论。会上两派各持政见争论不休，后在鲍罗廷同志的耐心劝解、说理之下，会议最后总算是过半人数通过了孙中山所提出的"联俄、联共、扶助农工"的三大政策。

但是，在党内还是有不少同志投了反对票，这些投反对票的同志在会议结束之后便离开广州去了上海。

十三　孙公丧事　鞠躬尽瘁

　　轰轰烈烈的辛亥革命已经过去了十几年，但是在北京的政治舞台上仍然相互厮杀为权力而争夺，他们个个凶相毕露粉墨登场，犹如走马灯般一个接着一个。直系军阀曹锟击败了皖系军阀段祺瑞之后掌控了北洋政府，不久他搞了个总统贿选事件。这场丑剧一登场立马遭到全国民众的强烈反对，可是他仍一意孤行不顾万众的谴责，凭着手握重兵资本登上了总统的位置。并且，他还猖獗叫嚣要与"东北王"张作霖叫板干一仗。

　　此时，冯玉祥被北洋政府委任为陆军检阅使，他的军队归在直系门下。然而他对曹锟在北京上演的贿选总统丑事及军阀之间的连年混战搞得民不聊生状况深表厌恶。于是，也想到南方的革命党且对革命党的顺应民心之举很有同感，所以欲与南方的革命党尽快联系上。他想到了马伯援是个好人选便请其给孙中山先生捎去书信，在信中冯玉祥写了五条建议。孙中山收到冯玉祥的信且阅后感到很高兴，他马上派代表去面见马玉祥，转言：当前的时局下，首先必须打倒直系军阀……冯玉祥欣然接受了孙中山先生给他的建议，他立即与旧部的胡景翼、孙岳两位将军密商酝酿北京革命，这次密商就是史书上说的"草堂密议"。1924 年 9 月，北方爆发了直奉战争，孙中山感到现在正是发动北伐的最佳时机。于是，他在广州大元帅府召开了会议且在会上发表了《北伐宣言》。在会上他重点阐述眼下的时局与同志们进行广泛交流，当问到李烈钧有何建议时李烈钧坦率说出其观点。他说："中国有事，日本关系至大，宜加注意……"孙中山听后有同感，在他心里也思考着由谁去日本。几天之后，孙中山请李烈钧来家面议。在交谈中孙中山直面征求李烈钧此次派何人去日本为宜时，李烈钧说："人选之事，本人确实还未作考虑……"此时，孙中山已经认定非李烈钧莫属，只是在此刻没有说。

次日，孙中山再次请李烈钧来家，这次宋庆龄也在一旁作陪。孙中山的话题始终围绕着北伐和此去日本的重要性，尤其是关于去日本的事，谈得很具体甚至聊到拨款万元作为活动经费。日本之行的事谈得差不多时，孙中山把话题一转，说：这次赴日很关键，就由协和兄代劳吧。李烈钧听后乐意地答应了，以特派赴日全权代表的名义出使日本。

行前，孙中山致函日本众议院院长粕咎义三，告诉他已派参谋总长李烈钧全权代表东渡访日本，奉候左右，兼致鄙怀，抒谟所及，并望随时接洽不胜弛情。

1924 年 10 月 1 日，李烈钧肩负着使命来到日本东京。他到了东京后，没有多加休息就投入到频繁的外交事务中。10 月 6 日，李烈钧以孙中山大元帅的全权代表身份会见拜访了日本的政界要人，并且表述了他此行日本的目的，他的论点归纳起来有如下几点：一、奉命访日，端在"团结东方民族，巩固远东之和平"。二、中日两国互相提携"实为急不可缓之事"；三、中日相互提携，"为一种新道德的相互提携"；四、中日两国提携，"对于两国利害与世界和平均属必要"。总之，共谋两国间种种事业之发展，及全民之幸福，以维持世界永久之和平。

李烈钧在各种场合所阐述的言辞，在当时确实引起了日本国会的高度重视且得到社会各界社团的赞许。

10月10日，中国留日学生每年都会在此日举办演讲活动。会议由留日学生总会主办，当他们知道李烈钧现也在日本东京便发出邀请函欢迎他参加聚会且为留日中国学生演讲。李烈钧这次来日本他知道是肩负着特殊使命的，既然是中国留日学生总会的邀请，理应借此机会与留日学生面对面进行交流、沟通，于是很愉快答允前去赴会。李烈钧上台演讲没说多久，台下一位亲吴佩孚的学生突然站了起来攻击李烈钧的言辞，他说李烈钧这次来日本是勾结日本军阀的，要求在座的同学们把李烈钧赶出日本云云。会场上顿时被那些亲吴佩孚的学生闹得不可开交，这时候绝大多数爱国学生也不甘示弱，纷纷勇敢站出来责问那些亲吴佩孚的同学。

顷刻间会场上两种不同观点的学生相互展开激烈的争论，似乎处在要打架之势。一直站在讲台前的李烈钧凝视着台下这些学生，忽然他问站在身旁的学生总会理事长雷啸吟："下面的学生是不是要打架？若是要打，也算上我一个。"边说边移步且卷起了袖口准备跳下台，站他一边的雷啸吟当然不会让李烈钧下去，急忙劝阻并且让其去休息间。可是，李烈钧没有搭理雷啸吟，而是面对那些起哄的学生严厉大声说道："我，李协和是革命党人，绝不是卖国贼。你们要是想打架解决问题，我奉陪到底！"……那些起哄的学生被李烈钧的强硬态势所镇住，会场的秩序也一下子恢复平静了。一场骚动之后，学生们又恢复了之前的宁静继续聆听李烈钧演讲，台下的学生被其精彩的演讲所鼓舞而不断响起热烈掌声。在日本期间他几乎没有闲着，先后拜会了日本首相加藤先生、众议院议长粕谷、农相高桥、陆军元帅上原、大将福田以及政友会总裁床次、财界巨头涩泽荣一、头山满等一些重量级的人物并与其交流。但是，事与愿违，唯有几位老朋友对他的言论尚表示支持，大多数政界人物都取敷衍之态度并未有实质性的效应，所以李烈钧对此状况颇为失望，于是，他请示孙中山先生是否可以提前结束此行回国。10月12日，孙中山来电嘱咐他："协和兄，万不宜自行离日，当久驻而为积极之宣传。"李烈钧接电后继续留在日本。再回头说国内的事，1924年10月吴佩孚发兵山海关与奉军宣战，后因战事不利便电告冯玉祥火速派兵增援。此时，冯玉祥审时度势抓住了这个契机，趁北京现在兵力空虚之际，急令驻古北口、滦平、承德三地的部队星夜南下且以急行军之势直奔北京；同时，命令驻热河的部队去支援山海关，但是实际上是去截断阻击吴佩孚部退回北京。10月22日夜，冯玉祥的部队赶到北京的安定门。这时候已经在北京的孙岳将城门打开迎接冯部，冯军顺利进入北京城后迅速占领了电话局及总统府，并且把曹锟囚禁起来，当夜冯玉祥的部队就控制住了北京的局势，在史上也称之"北京政变"。

10月23日，冯玉祥也来到北京。当日他在北苑召集了胡景翼、孙岳、刘骥、张之江、李鸣钟、鹿钟麟等人开会。在会上决定组建国民联军，并且公推冯玉祥为国民联军总司令兼第一军军长，胡景翼和孙岳分别任第二军、第三军军长。冯玉祥控制了北京的政局后，在25日他又对北京政府进行了内阁改组。改组后黄郛为内阁总理且由他组阁各部。

时在日本东京的李烈钧获此消息后很高兴，他认为冯玉祥手下的胡景翼、孙岳两位将军都是倾向革命的；新政府的内阁总理黄郛是他留学日本的同学；陆军部部长李书诚曾是黄兴的参谋长；司法部部长杨庶也是老同盟会会员还当过孙中山的秘书长；外交部部长王正廷也是国民党人。所以李烈钧感到冯玉祥这次发动的"北京政变"是件大好事，因为北京政府的新内阁成员"已国民党化，已大有可为矣"！

11月5日，北京政府任命李烈钧为参谋总长一职。日本的朋友知道后也来到李烈钧的住处道贺，但是李烈钧因没有得到孙中山的指示，所以对北京政府的任命也就不便公开表态。

"北京政变"后，在北京的国民党人希望孙中山先生能发动"中央革命"，来实现国家之统一而纷纷电请孙中山北上北京。再说，冯玉祥此时对孙中山也很敬仰，并且对孙中山提出的三大政策表示赞同。于是，他在10月26日电请孙中山："辛亥革命未竟全功，致令先生政策无由施展，今幸偕同友军，戡定首都，此后一切建设大计，仍希先生指示，万望速驾北来，俾亲聆教诲是祷。"

冯玉祥给孙中山发出邀请电不久，北京的政局起了变化。皖系的段祺瑞和奉系的张作霖携手发兵北京，然此时的直系官僚也不愿屈居在冯玉祥之下，于是他们掉转方向表示拥戴皖系的段祺瑞来执政。冯玉祥在皖、奉两系及直系军阀的施压下，不得不急流勇退只留下鹿钟麟驻守北京，自己则去了张家口，这样北京的政权又落到了段祺瑞手中。孙中山为了谋求和平使国家成为真正富强之统一，他在11月7日致电北京的段祺瑞，告诉段祺瑞他于13日由广州起程经上海北上北京。11月10日，孙中山以中国国民党总理的名义通电发表《北上宣言》，重申中国国民党反帝反军阀的严正立场，强调三民主义是解决国体问题的基础。同时，他电告在日本的李烈钧速回上海。

孙中山偕夫人宋庆龄、汪精卫、邵元冲、孙科坐"永丰"舰于11月17日由穗到上海，他在家中接见了新闻记者且说道："我应邀上北京，是有两个目的，一、召集国民会议，中心是针对军阀；二、废除不平等条约，是针对帝国主义的。"孙中山公开表明了政治态度，不仅引起帝国主义和军阀的仇视，而且在本党内对其说法也有歧见。适逢此时李烈钧也到了上海，他立即去见孙中山。孙见到协和后便问："芝泉约我赴北京，现在你来了就可安排船讯了。还有一事就是党内同志与我有意见不一，君谓余当若何？"李烈钧认真听完后沉思了片刻说："先生在日本老友甚多，如头山满、犬养毅、床次竹二郎诸人者，皆彼国之贤达，与总理夙相契厚者，倘过日本晤谈，获益必大。"孙中山听李烈钧这么一说后觉得有道理试试无妨，便采纳了李烈钧的建议，先取道日本再赴北京。11月22日，孙中山偕夫人宋庆龄及李烈钧、戴季陶等人由上海东渡日本。船行途中时孙中山的肝病复发，轮船在日本大阪港停靠后立即送往医院医治，医生叮嘱不能再让他劳累了，须静心医护。此时，大家认为孙中山已不能按原定计划与日本各界人士会晤活动了，可是孙中山非要参加日本商会及五个社团在神户高等女子学校的演讲会。这天他在会上作了关于亚洲问题的论述报告，博得了在场日本友人的热烈掌声，使他很欣慰。可是日本政界对孙中山的言论持冷漠态度，这让他感到失望。不久，孙中山的病情一天天加重，李烈钧提议还是尽快离开日本去天津就医。12月4日，孙中山一行由日本来到天津。天津港码头上已经有军队及各界代表两万多人前来欢迎孙中山，场面很壮观，孙中山在军队的护送下安抵行馆休息。此次，动员社会各界及军队到码头迎接孙中山一行的安排者正是张作霖，他于前一天由北京特意来天津安排此事。孙中山知道后，决定次日去拜会张作霖。此时，李烈钧便对孙中山说："当年刘邦会见项羽于鸿门，有张良、樊哙等随行，代为出谋献计，得以平安无事。今日先生往访张雨亭，当然也要带一些人员同去，不知先生选派那些人去适当？"孙中山听后，沉思片刻，他说："还是李协和、邵元冲、汪精卫、孙科与我同行吧。"第二天，孙中山抱病在李烈钧、汪精卫、邵元冲、孙科等人的陪同下分坐两辆汽车去张作霖在天津的曹家花园公馆拜访。张作霖让其子张学良在公馆大门处迎接，孙中山在张学良的陪同下步入会客厅，张作霖上前招呼孙中山一行入座。孙中山首先对张作霖派军队迎接且护送表示感谢，其次表示："此次奉直之战，赖贵军之力，击破吴佩孚，实可为奉军贺。"孙中山的一席话虽然反映了实际情况，但在话中也显出几分谦逊。可是，张作霖却傲慢回道："自家人打自家人，何足为异。"接着又说："我是一个捧人的人，今天可以捧他，明天也可以捧你，哪有什么可大惊小怪的，更谈不上什么可喜可贺了。但是我反对共产，如共产实行，我不辞流血。"张在谈话间，眉宇间流露出不欢喜之色。同时，在他的话中明显是冲着孙中山的"联共"政策。然初次见面张作霖就道出如此无礼之语，顿时之间让会客厅内的气氛凝固了。这时候，李烈钧非常气愤又见同行者无一人发声，他实在忍不住，便站起来面对张作霖说："事虽如此，若不将国家之障碍，如吴佩孚诸人者铲除，则欲求国家之进步，与人民之幸福，终属无望。总理孙公之贺，实有价值。"张作霖听了李烈钧一席话后，便以大笑来打破尴尬。此时，孙中山徐徐地说："协和之言是也，自民国成立以来，得我之贺词者，亦惟雨亭兄一人耳。"孙中山此句话说得也很得体，既有礼貌地赞扬了张作霖，同时又以居高临下之势，给张作霖那种傲慢态度一个小小的回击。谈至此，满座欢笑。张作霖这才举起茶杯请大家喝茶，孙中山明白这意味着送客，就起身与张作霖握手告别。

孙中山一行回到住处张园后，汪精卫踏进屋后便连声说："险哉！险哉！"李烈钧听后对他的言行很反感且讥诮说："你如此胆力，就可以刺摄政王了？无怪乎大事没有成功呢。"汪精卫被李烈钧这么一说，"闻言蹙额"，在场的人也都哈哈大笑，同时对李烈钧的刚正不阿竖起大拇指。

孙中山原本要马上去北京，由于肝痛又发作且得了风寒，只能在天津多住几日观察病情。这时候，段祺瑞给孙中山致电要他停止谭延闿的建国军北伐攻赣。孙中山见电报后以大局为重于 18 日复电了段祺瑞，告知他现已委派李烈钧去江西协调此事。随后，孙中山对李烈钧说："北伐军入赣幸顺，将到吉安，予拟以赣事付君。委任状续发，君可先行。"李烈钧带着中山先生的口谕，离开天津赶往江西。

此时孙中山的病情一天天加重，然天津没有更好的医疗条件，于是大家建议还是马上去北京医治。12 月 31 日，孙中山在同仁们陪同下由天津到达北京且住进北京协和医院。经过专家组的会诊决定在 1925 年 2 月 16 日动手术，手术后查明了孙中山已是肝癌晚期。

李烈钧在 2 月 17 日到了上海，接到汪精卫从北京发来的孙中山病危加急电报，要他速回北京。李烈钧次日就坐上专列去北京，到了北京后他立即赶到协和医院，此时孙中山已不省人事，大家决定将孙中山移至铁狮子胡同顾维钧家中靠中医药材来调养，以维持其生命。北京的各界人士闻讯后，蜂拥前去探望。大家考虑到人多事繁，临时决定由李烈钧负责料理日常的事务，李烈钧便把顾家花厅作为办公室来处理内外一切事务。这时候，段祺瑞虽然对孙中山的病情漠然置之，但如今毕竟他身居执政之职，为了做表面文章他约请李烈钧来总理府，顺便了解孙中山的病情以示关心。李烈钧这天去时"戎装晋谒"，段祺瑞首先询问了孙中山的病情，说了一些客套话，其次问李烈钧对黄郛内阁任命其参谋总长一职有何表示。李烈钧对段祺瑞至今未去探视孙中山已经很恼火，所以对参谋总长一职明确表态不愿接受。段祺瑞见李烈钧态度强硬，也就对他"心存忌惮，不敢领教了"。1925 年 3 月 1 日，孙中山在病危中仍关注在张家口举行的第一次内蒙古国民党代表大会，并且派李烈钧、徐谦代表中央执委参加大会，会后，李烈钧回到北京想告诉孙中山内蒙古大会开得很成功，但孙中山这时已经处在昏迷状态了。3月12日，一代伟人、革命先行者孙中山先生在北京逝世，享年59岁。

在北京的国民党高层人士作出了决议，治丧处及停灵处设在社稷坛，并且将此决议通知了段祺瑞。当时，北京临时政府对国民党的决议进行了表决，结果是一派赞成一派反对，段祺瑞自然属反对派，他派代表去顾维钧家传达不同意灵柩放在社稷坛。汪精卫对代表的传话一时无法应对，便让代表去见李烈钧。李烈钧听后顿时上前责问这位代表："社稷坛乃国家所有非执政政府私产，孙总理手创共和，执政乃得安居官苑。今总理践约而来，不幸病逝，丧治于社稷坛，执政尚能持异议耶？"站一边的代表早闻李烈钧是个性情刚烈者，于是也不敢多言只是点头表示回去如实汇报。段祺瑞知道之后，也只得默认了。3月15日，孙中山的遗体在协和医院入殓水晶棺。治丧委员会决定19日灵柩移至社稷坛，考虑到公祭那天将有12万民众参加，场面一定很壮观，加上各界人士都希望扶灵柩送一程，所以制定了护送名单。第一组由汪精卫负责，第二组由李烈钧负责，轮流扶灵柩送至社稷坛，停灵于大殿正中。这天，各界送来的挽词挂满了大殿及廊庑。李烈钧也拟了一副挽词，由武宁孝廉潘学海书写。挽词："才逾汤武，功盖桓文，九万里震威名，天授如斯，前无古人，后无来者，出秉节钺，入赞戎机，二十年共患难，山颓安仰，上为国恸，下为私哀。"李钧烈的这副挽词表达了他对孙中山先生的真切感情。当时还有一副挽联是说李烈钧与孙中山之间那层甚密的关系，就是曾琦的那副挽联："百战功勋唯一李，平生事业误三陈。"这其中一李，就是指李烈钧。3月19日，北京临时政府内务部虽然议定为孙中山举行国葬，但在实际事务上没有多大的支持。幸好在张家口的冯玉祥愿承担丧事办理的费用，他致电北京卫戍司令鹿钟麟："闻已推定诸贤治丧，由李协和总其事，望吾弟悉听协和之命。"冯玉祥的出手使主持孙中山葬礼的李烈钧能够从容安排处理一切治丧事务。国民党中执委举行祭灵仪式，北京临时政府的内阁成员及文武百官参加了祭灵仪式。段祺瑞在事前答允去祭奠，但届时却派人到现场推诿脚肿来不了，由内务总长龚心湛代表他列席。灵堂的民众听到这事后，表示了极大的不满。李烈钧接到通知后，非常气愤，认为必须把"执政"的爽约失信，公之于民。于是，李烈钧站在社稷坛阶上向学生和民众揭露段自食其言，不肯亲来致祭的情形，接着说："诸君今日热心前来祭奠孙中山先生，如此踊跃，一半是钦敬孙中山先生，一半是欲瞻仰孙中山先生的遗容。但是，孙中山先生遗体容易见，段'执政'的'风采'不易见。"因为段祺瑞先前说要亲临致祭，所以李烈钧预为撰就答词，准备届时宣读，原文如下："邦国不幸，元首上宾，举国悲伤，山颓安仰。中山罹病之始，承执政府派员视疾延医，厚谊隆情，靡不周至。今日开吊，复蒙执政躬临祭奠，并致哀词，家族及治丧处同人，实深感德。回忆辛亥建国，中山倡之，而合肥和之，马厂起义，则合肥倡之，而中山和之，是中山与合肥在民国以往之历史，已有至深的关系，为全国人所敬仰。曹吴乱国，联合兴师，合肥与中山又共扶国难，是合肥与中山在最近历史，其密切之关系，更有异于寻常者。中山与合肥实吾国两大天柱，兹不幸折其一矣！后此两公应共负之责任，则合肥一人应负之。羹沸频年，四百兆同胞陷于水深火热者，不获绥济须臾，想合肥视民如伤，必有以慰九泉良友海内同胞者。烈钧代表致谢，而远引及此，表同人敬慕贤者之意耳。惟合肥察焉。"纵观全文，对段多是溢美之词。不料段祺瑞自毁原议，改派代表致祭，李烈钧把这份答词交梁鸿志秘书长带回给段祺瑞。

李烈钧随后向在场的三千多名各界人士高声疾呼："此辈昏庸老朽，焉能主持国事，诸位青人，今后当注意改造时势，必须郑重人选。"大家听后，纷纷发出对段祺瑞其人的不满之声。

孙中山在北京逝世后，广东军政府由胡汉民代理大元帅。李烈钧知胡汉民其人心胸狭隘，党道不同不相为谋，不易与其一起共事，所以不考虑去广州。可是他一时又无新的去处打算，于是他暂住在北京香山冯幼宇住宅的雨香馆。不久，在北京的国民党中执委在帅府园召开会议，李烈钧也出席了此会。这次会议主要议题是国民党第二次全国代表大会的召开时间、地点的选择事项。

当时，在广州的国民党中执委已经在广州召开了第二次党代会的筹备会议且有了决议，这决议与北京的中执委所提出的决议截然不同，南北间便处在僵持状态。回说，在北京的中执委中也有两种不同的声音。戴季陶、于树德、邹鲁等人也主张在广州召开党代会；石英、居正等人的主张是坚持在北京召开。李烈钧面对这状况，他虽然也赞同在北京召开党代会，但他与石英等人的出发点不同。他认为：一是本党原先的工作重心在南方，要改变过去对北方工作关心太少的一种倾向；二是他和胡汉民个人的问题，乃做事的风格不同及难以沟通达成共识。

在北京安顿好先总理孙中山先生灵柩后的李烈钧，他虽在香山雨香馆休养，但也不时关注着当前的局势和为党内同志因意见分歧而呈一盘散沙之现象深感痛心。闲静时，他又忆起在张家口的冯玉祥，此次先总理的丧事多亏了他的鼎力相助，欲想去会冯玉祥以表谢意。国民军中的第三军总司令孙岳，曾在他督赣时任庐山牧马厂的督办，算是他的旧友，第二军总司令胡景翼，也是他在日本大森所办的浩然庐军校毕业生，可以说有数面之识，唯冯玉祥只闻其英名而未曾谋一面。所以，他和黄郛、张继、方声涛等人相商，决定赴张家口见见这位布衣将军冯玉祥。这时候，北京政府的司法总长徐谦愿意出面先与冯玉祥打个招呼。在张家口的冯玉祥接到徐谦的书信后，知道李烈钧要来张家口非常高兴，他也是久闻李烈钧的名气而未曾见过面。于是，冯玉祥派专人去北京香山迎接李烈钧。1925 年 7 月，李烈钧和方声涛起程去张家口，冯玉祥率部队在车站恭迎。他们两人初次相见、两双手紧紧握着久久未松，彼此间都有着一种相见恨晚之感觉。冯玉祥迎来李烈钧后，他们俩似乎有着说不完的话常常是昼夜长谈，推心置腹地畅谈国家的国运，同时为继承发扬孙中山先生的三民主义而通力合作。几天后，冯玉祥敦聘李烈钧为国民军总参议，李烈钧也欣然接受。在这段日子里，李烈钧和冯玉祥是"朝夕抵掌谈天下事，谊若胶漆"。同时他也参与到国民军的各项重要事务，精神状态比之前振作不少。某日，他向冯玉祥提出是否增聘方声涛为副总参议，以为助手一事，冯玉祥当即说：好事嘛，欢迎方声涛将军来国民军工作。

1925 年 4 月 30 日，苏联军事顾问团应冯玉祥之邀一行三十一人由北京来到张家口，他们在国民军中担任教官。每当这些教官中有人轮到回国休假时，冯玉祥都会设宴款待，李烈钧自然被邀请作陪且代表冯玉祥致辞。在宴席上李烈钧常就："三民主义与共产主义的异同"加以论述。当然，李烈钧不可能真切了解共产主义，但是他的这些论述不无合理因素，这些苏联军官听了之后常常"亦殊感动"。

这时，在北京的国民党中常委林森、邹鲁、张继、谢持等人在 11 月间于香山碧云寺先总理停灵处召开了会议。他们自称是国民党第四次中央全会，会议的宗旨是反对三大政策。会前曾去电张家口通知李烈钧参加会议，但被拒绝了。当时，李烈钧的秘书问其为何不去参加中常会，李烈钧简明扼要说："我不愿听别人的摆布玩弄。"这句话充分说明了他对孙中山先生所倡导的三大政策已刻骨铭心。

1925 年 11 月，奉军向山海关的国民军发起了攻击，冯玉祥请李烈钧和方声涛去山海关坐镇指挥国民军。此时，张作霖和吴佩孚在共同的利益下握手言和且联合打击冯玉祥。冯玉祥意识到他在北方已经孤立，现在唯有引退以出洋游历来示退出政界。1 月 4 日，冯玉祥把国民军的指挥权交于张之江、鹿钟麟二位将军来分掌。

冯临行前给山海关前线的李烈钧电报，电文："余有事西行，此间诸事已交张之江、鹿钟麟两位办理，望两公弗以焕章远处苏俄，而吝教益，深望两公仍以昔日赐教焕章者，教张鹿也。"冯玉祥走后，李烈钧与他的联系就此中断。他们俩在这短短半年时间里，不仅相处融洽而且在政治观点上也相互影响，成了莫逆之交。冯玉祥常对他的同僚说，协和与俺的秉性相近都是直来直去没有任何掩饰，可惜事与愿违，不能彼此长远"虎帐夜谈兵"了。他的部将对此也有评说，冯玉祥是行伍出身，李烈钧是军校出身，这两位将军在带兵、练兵、打仗上是各有一套，如果两人合在一起，他们所率领的军队将是天下无敌也。

冯玉祥虽然已解职远走苏联，但张作霖和吴佩孚并未停止向国民军的进攻，反而又联络山西的阎锡山一起围攻南口的国民军。4 月中旬，南口战役打响。国民军在南口山道的堡垒里顽强阻击奉、直大军及山西晋军的三面围攻。国民军经过三个多月的苦撑终因寡不敌众而放弃了南口退到绥远，李烈钧将国民军安顿好后也离开了绥远。他原想去苏联乌丁斯克找冯玉祥，由于当时的通信问题一时无法联系上冯玉祥，李烈钧才放弃去苏联的念头南下去香港。

十四　调和南北　恪守不渝

1926 年 6 月 5 日，广州国民政府决定出师北伐统一中国，任命蒋介石为北伐军总司令。北伐军由广州出发分三路大军向北挺进，担任主攻的中路北伐军攻入湖南之后更是一路势不可当、所向披靡。尤其是贺龙那支铁军于 7 月中旬攻克了长沙，接着 8 月攻下岳阳，在汀泗桥战役中几乎将吴佩孚的精锐部队彻底击溃。随后中路北伐军再分两路追击，于 9 月打过长江占领了汉口，另一路也在 10 月 10 日夺取了武昌。再来说北伐的另两路大军，他们分别奋战在江西、福建两地且也取得节节胜利，整个北伐形势一片大好。正在南下的李烈钧一路下来不断听到北伐军在湘、赣、闽战场上的捷报，心里感到无比的兴奋。适时，广州国民政府也电请他去广州共事，于是李烈钧加快节奏南返广州。回过来说一下江西战场，江西正处在苏皖浙闽赣五省联军总司令孙传芳的管辖下。北伐军在江西 9 月 6 日打响后，连夺数城很快就占领了赣南。继在 9 月 19 日兵临南昌，在城里的工人、学生及警备队也在积极活动，北伐军在里应外合的攻势下一举拿下了南昌。可是，没过几天又被孙传芳的部队夺了回去，此时双方已呈拉锯状态。李烈钧此时已取道香港来到广州，他住在治河督办戴恩赛家。戴恩赛乃是孙中山的女婿，也是李烈钧的亲戚。李烈钧在广州期间，他对北伐军的每日战况尤其是江西战况一直很关注，他想到五省联军总司令孙传芳乃是日本陆军士官学校的同学，意欲凭着同窗之情去信劝其以大义停战合作。于是，他书信一封给孙传芳。不久孙传芳的回信来了，信中其言："苟余前往，愿以苏、浙、皖三省归诚，而免地方糜烂。"李烈钧看了回信后，相信了孙传芳的承诺便抱着停战的希望动身北上见孙传芳。李烈钧到上海后，先约孙传芳驻沪军周凤岐沟通一下，谁知周凤岐推辞要等他布防工作完后才有时间见面。李烈钧感到周凤岐分明在搪塞敷衍，他预感事情不妙。但是从他内心来讲仍不愿放弃原先的想法，于是决定南返福建转去江西会孙传芳，为了稳妥他派秘书熊公福先行由水路去江西见孙传芳。不久，熊秘书来电告知，孙传芳现在的态度仍然是继续再战。李烈钧知道，对这位老同学看来只能兵戎相见了。1927 年 2 月，国民政府任命李烈钧为江西省政府主席，这对李烈钧来说将要回到阔别十四年的南昌，此刻心情定是感慨万分。这时候北伐军总司令部行辕也在南昌，蒋介石为了控制住国民政府，他在迁都的事上坚持由广州迁到南昌，可是汪精卫则提出迁到武汉。这就造成了汪、蒋在迁都问题上的相争，势必在党内引起争议，然每个党员都在思考在这党国历史命运的非常时期究竟站在何方，尤其是那些政客，都面临重要的抉择。在这件事上，李烈钧的起初想法是希望宁汉间可以通过交流的方式，争取有一个统一的思想来达成共识。他在主观上还是倾向于蒋介石的主张。因为他认为：其一，蒋介石在先总理蒙难时在"永丰"舰上一直是贴身护卫；其二，他受命于孙中山去苏联考察且完成了孙中山交代的各项事宜；其三，他在任黄埔军校校长期间的工作也很出色，这些事都能证明蒋介石是孙中山的追随者。1927 年 3 月 10 日，国民党二届三中全会在武汉召开。出席全会的中委有：经亨颐、彭泽民、恽代英、林祖涵、于树德、陈其瑗、许苏魂、江浩、邓演达、朱霁青、顾孟余、孙科、陈友仁、毛泽东、董用威、王法勤、陈果夫、詹大悲、徐谦、李烈钧、谭延闿、谢晋、宋庆龄、陈公博、邓懋修、吴玉章、丁惟汾、周启刚、丁起五、宋子文、何香凝、李宗仁、王乐平、柏文蔚、黄实、夏曦。此会唯独蒋介石和张静江二人拒绝参加。

这次三中全会，李烈钧是抱着"欲求调解"之意，乃与谭延闿由南昌赴汉口。全会由孙科报告预备会议决议案及提出《国民党党章》修正的动议，根据此动议将取消主席和委员长制，取而代之以主席团制。这意味着撤销蒋介石的国民党中常委主席和军事委员会委员长职。李烈钧和谭延闿对这个动议持不同意态度，谭延闿当场站出来辩论。正当双方相争时，唐生智突然走进会场向大会主席团报告，他说：现在我们已解决了总司令的卫队及送陈铭枢登舟一事……与会反蒋者听后多有喜色，孙科见此状况便宣布会议午间休息。李烈钧听到这件事后感到问题严重，他趁会议午休之际离开会场且迅速赶去江边码头准备过江。他到了武昌后，立刻去了北伐军总司令部见到了朱绍良参谋长便说："好险啊，所幸总司令未来耳。"随打电报给南昌的蒋介石"钧急返"三个字。当日，李烈钧坐上"长兴"号轮到九江再换上汽车赶去南昌行营。蒋介石收到李烈钧电报后知道事态严重便在行营等候，当李烈钧进入行营他便上前迎接且问道："协和兄，会议开得如何？"李烈钧回道："请速作移节之计。南京本为先总理指定的国都，所以国府势必迁往南京，方足以奠国本，而壹观瞻。"蒋介石听后觉得说得有理且也是他的本意，于是两人就决定定都南京。

1927 年年初，五省联军总司令孙传芳的军队已被北伐军打得一蹶不振，显然是无力再守上海了。2月27日，张宗昌和孙传芳一起去松江视察军务，决定守上海的任务交给直鲁军接防，孙传芳的部队撤出上海到南通一带休整。3月上旬，北伐军相继攻占了浙江全境。由李宗仁为江左军总指挥，率领第七军、第十军、第三十三军进攻安庆；以程潜为江右军总指挥，率领第六军、第四十军进攻芜湖；左右两军以打通与苏浙边界的北伐军联络线。以朱培德为预备队总指挥，率领第三军随时策应各路友军。

这时候，孙传芳在安徽的陈调元、王普部及湘军叶开鑫部，在北伐军强大攻势的威慑下先后降服，北伐军锐不可当直逼南京。期间，国民革命军东路总指挥白崇禧所部攻下浙江后也迅速挥师挺进上海。

再说，孙传芳败走扬州后，他就去找张作霖合作意欲共同打击北伐军。张作霖和孙传芳可谓一拍即合，张作霖除了提供军饷而且还令山东的张宗昌全力支持。孙传芳有了张作霖的支持，他似乎觉得翅膀硬了便把联军总司令部设在蚌埠，等待时机肆意反扑。

国民革命军在"打倒军阀"的战斗口号声中，由广州出征北伐一路是越战越猛，不到数月已夺取了大半个中国。国民革命的形势空前大好、人心所向。但是在国民党党内此时的宁汉之争也愈演愈烈，李烈钧才任江西省政府主席三个月，武汉国民政府又任命朱培德为江西省政府主席，一时间在江西出现了两个省主席。李烈钧对这种怪异现象并未在意，况且朱培德是跟随他多年的老部下，所以他根本无心去争这个省主席，毅然离开了南昌去上饶给朱培德让位让他来南昌上任。北伐军攻克南京后，蒋介石也由南昌去南京准备定都的筹备工作。李烈钧见蒋介石此时仍坚持孙中山先生的北伐政策讨伐北方的各系军阀，所以也愿为其助上一臂之力。于是，他由上饶去了南京。在南京他与国民党的中委同志一起为国民政府定鼎金陵而斡旋各派及各界人士，经一番努力之后国民政府于 4 月 18 日宣布定都南京。

此时，北伐军由南京、镇江两地渡过长江且占了扬州、浦口。津浦线上的直鲁联军也退到了明光、临淮关，设了两道防线抵挡北伐军，联军的主力部队则集中在徐州，准备与北伐军决战。5 月 17 日，在武汉的北伐军出征之后很快就拿下了西平，随即分兵向开封、郑州发起攻击。在山西的阎锡山看到了国民革命的形势如火如荼，也将他的晋军改称为国民革命军晋绥联军，并且向娘子关的奉军发起进攻。武汉国民政府见阎锡山易帜攻击奉军，便任命他为国民革命军第三集团军总司令。阎锡山投身国民革命后截断了奉军的退路，奉军只能弃阵退至黄河北岸。6 月 1 日，冯玉祥的国民军与武汉出征的北伐军会师于郑州，至此，河南的战争以奉军的败走而告结束。

回过再说，由南京出征的北伐军在何应钦、李宗仁、白崇禧的率领下也势不可当节节胜利。奉军败走河南后，张作霖也电令张宗昌部撤回山东。所以，北伐军在 5 月 30 日不费一枪一弹占领了徐州。这时候，蒋介石也想把冯玉祥、阎锡山拉到门下。当他知道冯玉祥在郑州提出"宁汉合一，以宁为主"的主张后满面春风，对他来说是一个难得的"佳音"，欲与见面，想到了李烈钧。蒋介石知道冯玉祥、阎锡山与李烈钧的关系不一般，一个是莫逆之交，一个是留日的同学。所以由李烈钧出面从中斡旋定有成效，事后也如此，在李烈钧的协调下促成蒋介石、冯玉祥、阎锡山三人结成了反奉联盟。

6 月 19 日，蒋介石在徐州与冯玉祥初次见面。次日，南京国民政府的李烈钧、胡汉民、蔡元培等人由南京来到徐州正式与冯玉祥会谈。由于蒋介石已在前日以非正式的形式与冯玉祥交流过且提出北伐讨奉和西征武汉两件事，当时冯玉祥只同意北伐讨奉而对西征武汉未作表态。所以在 20 日的正式会谈时着重议论伐奉事宜，会后蒋、冯两人联名通电共同伐奉。

当天，冯玉祥致电武汉国民政府前往南京实现"宁汉合一"，同时又电请唐生智率部开往河南，共同北伐。

在这一段时期，国民党内部的宁汉之争虽然有所缓解，但是在本党内的派系之间斗争仍未停止。汪精卫坐镇武汉继续在拉拢一些将领反蒋，他亲笔书信给赖世璜将军，希望他"反正倒蒋"。赖世璜将军是国民革命军第十四军军长，所部隶属于何应钦的第一路军建制。他还是李烈钧的麾下，曾跟随李烈钧南征北战参加过九江光复、湖口讨袁、护国讨袁及护法战争。且在此时的北伐战争中也是屡建战功，尤其在"龙潭之役"保卫南京国都中立下汗马功劳。再说，汪精卫给他的那封信刚发出就被桂系的情报部门所截获，桂系将领白崇禧得知后认为可以借此信来削弱中央军的军事力量，从而去打击蒋介石。于是，白崇禧利用此信来大做文章向何应钦施压。

1927 年 9 月，赖世璜将军由南京赴上海办事，他在上海北火车站刚下车就被何应钦抓捕。在南京的李烈钧闻知后非常气愤，他马上给何应钦去电询问事由。同时，他积极疏通相关官员对这件事能尽快彻查，还赖世璜将军一个公道。但事情的结果终让李烈钧感到失望而万分痛心。这样一位为民主共和的创建而叱咤风云的猛将，最后却成为国民党党内派系斗争的牺牲品，赖世璜将军被害时才 38 岁。

十五　龙潭之役　雍容坐镇

　　1927 年 8 月，盘踞在苏北的孙传芳见南京国民政府派系林立、钩心斗角，他便乘机向北伐军发动反攻且占领了徐州。之后，他亲率联军追击，迫使国民革命军退到浦口。北伐前线国民革命军的溃败使蒋介石这位北伐军总司令颜面尽失，桂系派也借此机会参与了倒蒋活动。这时候，蒋介石面对党内此状况采取了急流勇退之策，他向南京国民政府提出下野去上海休养。蒋介石下野不久，北伐军又放弃了浦口退回到江南。孙传芳见北伐军退到长江南岸，他便从扬州来到蚌埠的联军总司令部，且扬言复仇的日子到了。

　　这时候，一群从江南跑到江北的士绅组成了所谓的民众代表团要见孙传芳大帅，孙传芳见此场面非常得意，且在总司令部接见了他们。这些士绅在他的面前大讲蒋介石的北伐军如何无法无天、如何横征暴敛，甚至说了很多献媚的话。说什么民众都莫不翘首北望，期盼孙大帅早日领兵渡过长江。

　　孙传芳听到这一番吹捧与赞美的话后喜笑颜开，特意盛宴款待这些士绅。在宴席上他得意扬扬地说："各位，我一定会渡过长江，打进南京城，为民除害。大家就等着我的好消息吧！"

此时，在南京的国民政府闻知孙传芳的大军已在长江北岸集结，随时都有可能渡过长江来犯南京。这一下可把京城中的那些高官吓坏了，他们惧怕战火烧身而纷纷选择离开南京去上海，城里的百姓也在忙着迁徙，整个南京城一时间人心浮动、纲纪荡然。交通上的拥挤更是一团糟，在京沪列车段的列车上更是拥挤不堪无插足之地，凌乱之状不可尽述。

在南京的国民政府五位常委中此时只有李烈钧一位常委留下，国府中的党、政、军这一大摊子事就全落在李烈钧一人的肩上。

此时，在上海休养的蒋介石想到了李烈钧这位前辈意欲拉到他这一边，以便能牢牢掌控国民革命军。于是，他致电在南京的李烈钧。表示他"拟赴日游历，如有见教，可电告上海祁齐路黄郛先生转交"。这份电报分明是暗示李烈钧能来上海与他面叙。

可是，此时的李烈钧对蒋介石在这关键时刻临阵回避，尤其是北洋军已屯兵江北虎视眈眈、伺机国都南京，他却置国都安危于不顾赋闲上海。为此，李烈钧认为蒋介石北伐不力而产生对蒋的不满情绪，也自然不会去上海见他了。蒋介石见李烈钧不给他面子心里当然很不爽，但他清楚这位前辈的秉性，也就不去惹事了。

再说，在南京的李烈钧对孙传芳的北洋联军也做好了应战准备，他坐镇南京虽处于"一木难支大厦"之势，但仍以军委会常委的名义下达军令：命令海军的陈季良、陈绍宽率领舰队即刻驶向南京；调何应钦的东路国民革命军、白崇禧的第一军和李宗仁的第七军，迅速昼夜兼程驰援南京；令程潜的第六军留守国都南京拱卫。

8月底，孙传芳下达了渡江直取南京"不占领南京，不要来见俺"的死命令。

他调集了 11 个师、6 个混成旅，分三路大军强渡长江。其兵力配备：由郑俊彦部从浦口进攻下关；由刘士林、李宝章部从大河口渡江进攻龙潭；由马玉仁部从扬州渡江进攻镇江，牵制上海方面的国民革命军。

此一刻，孙传芳已是决心孤注一掷，要与比他大三岁的学兄李烈钧比个高低、决一雌雄。

8 月 26 日晨三时，孙传芳的北洋联军炮团首先由江北炮击江南国民革命军的沿江工事，接着北洋联军在望江亭、划子口、大河口三处渡口集结，在炮火的掩护下趁着夜色同时向江南强行过江。

孙传芳效仿了当年项羽巨鹿之战时的破釜沉舟之法，他命令北洋联军过江后渡船立即全部返回江北，迫使全军将士没有退路只有勇往直前直到战死为止。

北洋联军大河口渡江总指挥刘士林率领的第九师、第十一师、第十三师经过一天的强渡，最终攻破了国民革命军的防线成功登岸且占领了龙潭火车站。

龙潭站失守后北洋联军就切断了京沪铁路线及通信设施，随后北洋联军兵分两路直扑南京的门户栖霞山。守在栖霞山阵地的国民革命军对前来侵犯的北洋联军展开了顽强的阻击，战斗场面十分激烈，曾三度被北洋联军突破防线，战况惨烈之形势对国民政府来说十分严峻。

这时候，孙传芳也从江北移至龙潭坐镇督战。此时可谓是学兄学弟近在咫尺，斗智斗勇各显神通，有如战国中期的孙膑与庞涓，师承一脉各为其旨。

在国府坐镇的李烈钧也不断接到前线不利的战报，但他显得很镇定，仍然保持着一个老军人的沉稳。他及时召集程潜、何应钦、李宗仁等将领来军委会开会，商榷应战之策。会上李烈钧根据当前的军情作了精辟的分析，他认为孙传芳虽然在栖霞山投入了重兵，但从双方交战的迹象上可以看到孙传芳的主力部队仍留守在龙潭。因为孙传芳明白龙潭是京沪线上的重要战略位置，进可西上南京，下可东进上海；退可凭险固守，败则速返江北。然我方的情况是龙潭和栖霞山虽是南京的两扇大门，但是这两处相比之下此时的龙潭更显重要。现在龙潭已落在他们手上，可栖霞山的阵地还在我们手中，为了遏制北洋联军长驱直入，当前可以采取关门打狗之策。也就是说国民革命军的主力不应该全部放在栖霞山防线与北洋联军硬扛，而是要集中优势兵力回到龙潭附近与镇江西上的国民革命军围击龙潭打一场硬仗，直接摧毁孙传芳的指挥中心。

我们一旦围击了龙潭，那么北洋联军必定会乱了阵脚，这时攻打栖霞山的北洋联军也会迅速退回龙潭保他们的司令部。这样坚守在栖霞山的国民革命军就可以乘胜追击，加上之前李宗仁、何应钦部及白崇禧部已从东西两方攻击龙潭，逼使处在瓮中的北洋联军会输得很惨，夺回龙潭也是指日可待也。

与会的将军当即表示赞同李烈钧对战局的总体分析和下一步的作战方针。会议结束后，李宗仁、何应钦等人及时返回各自的营地部署战斗方案。李、何两军同时由西向东潜行，白崇禧部则由镇江向西运动，形成了对龙潭的合围之势。8 月 29 日，果然不出李烈钧所料，孙传芳因发现龙潭附近有大量的国民革命军在运动感到情况不妙，即令进攻栖霞山的部队迅速撤回龙潭。这时候，北洋联军约十个师、四个混成旅共计五万之众均委蛇在龙潭一隅。

8 月 30 日，何应钦、李宗仁的两个军及第十九军第一师；镇江的白崇禧属部第二、第十四、第二十二师从东阳镇向西到达龙潭的指定作战位置。国民革命军从东、西两处打响了围歼龙潭北洋联军的战役。

在栖霞山阵地的国民革命军第十七军属下的第一师、第二师在夏威、胡宗铎的指挥下，也向东撤的北洋联军发起猛烈的追击。

此刻的龙潭，国民革命军与北洋联军之间已展开了空前规模的厮杀战，炮声、枪声、号声震耳欲聋，响彻山谷，火炮声下尸积如山。

鏖战到次日的午后，北洋联军全线崩溃、四处流窜。北洋联军将领刘士林、段承泽趁乱溜到事先私下准备好的小火轮逃回了江北。

8月31日，国民革命军收复了龙潭重镇且获得大胜。北洋军的三万余官兵被俘，缴械了各类枪支四万余，孙传芳则带着他的残兵败将侥幸死里逃生回到了江北扬州。

这时候，李烈钧命令程潜、何键所部火速向津浦线追击，浦口的北洋军守兵闻知国民革命军已渡过长江，早已无心再战弃城而逃。孙传芳这位五省联军总司令，他做梦也未想到在龙潭才几日就被学兄李烈钧指挥下的国民革命军把他号称"雄师十万"的大军给打得丢盔弃甲，狼奔豕突。

"龙潭之役"确实是李烈钧戎马一生中最后一次显示他卓越的军事才干，也为他的军事生涯画上了一个完整句号。"龙潭之役"以李胜孙败而告终，此时南京也从先前的恐慌危机中解脱出来，城内又恢复了昔日的安宁。国民政府那些高官也由上海先后回到南京，忙于开庆捷大会嘉奖有功的将士。李烈钧在祭奠龙潭战役阵亡官兵会上，对阵亡的勇士撰联以悼："江东一战吞河朔，万古雄风掩六朝。"南京政府为了北伐，向武汉的国民党人发出南京共商统一大业的邀请。李烈钧也以军委会常委的名义电请汪精卫等人"克日来宁，主持大政"，汪精卫收到电报之后当然是求之不得。于是，他于9月5日偕同徐谦、何香凝、陈公博来宁。可是汪精卫一行进入南京城后，看到城内的大街小巷张贴了反汪精卫的大幅标语，汪精卫心里顿时一凉，已明白这举措应该是蒋系分子所为，预感情况不妙，如果待在南京定有生命危险。他决定次日离宁去上海，同行者有国民党中央执监委员。9月10日，国民党中央执监委员在上海江宁路上伍朝枢家聚会。出席者有汪精卫、谭延闿、孙科、李烈钧、程潜、张人杰、蔡元培、李宗仁等二十余人。15日，会上决定在三个月内召开国民党第三次全国代表大会，主题是解决各派系间的纠纷。大会召开之前先组成"特别委员会"作为最高执行机关，特委会的成员包括各派的代表，也包括已宣布下野的蒋介石。

9月16日，特别委员会由谭延闿主持且任命了四十余人为国府政务委员，以谭延闿、胡汉民、李烈钧、蔡元培、汪精卫、于右任为常务委员，轮流担任主席。同时军事委员会也进行改组。蒋介石、李烈钧、冯玉祥、程潜、李宗仁等高级将领当选为军委会委员。9月20日，国府委员和军委会委员在南京就职。

南京特别委员会的成立，似乎在形式上调和了国民党各派间的矛盾，实际上这个机构完全被桂系所控制。谭延闿和李烈钧虽是常委主持国民政府工作，然他俩现在手中无军队，所以一系列重要的决策还须按照桂系的意旨来办事。可是那些稍有点实力的派系对桂系把持的政务自然产生不满。汪精卫在入职仪式的第二天便离开南京去武汉，且与唐生智一起宣布反对特别委员会，特别委员会实际上只存在一天就破产了。12月3日，国民党四中全会第一次预备会议在上海举行，次日的会上决定四中全会召开时取消特别委员会。在这期间，汪精卫和桂系都在拉拢蒋介石，他们知道北伐还须蒋介石领导，关键他手上掌控着北伐军主力，为此他们提出蒋介石复任北伐军总司令，汪精卫也表示拥护蒋介石复职。然李烈钧原先是因为蒋介石在讨伐奉系军阀时的坚定才拥护蒋，可是在孙传芳大军兵临南京时他蒋介石却在上海观望赋闲，现在他又要回来争夺权位，对蒋这种表现很反感。同时，他对各派系在争权夺利时那种互相拉拢、相互利用的状态实在看不惯且无法容忍，所以在上海召开的预备会议，他独自不去赴会。1928年1月9日，蒋介石在上海复任北伐军总司令。2月1日，国民党四中全会在南京召开。会上取消特别委员会且改组国民政府及军事委员会，国民政府由蔡元培、李烈钧、谭延闿、张人杰、丁惟汾五位常委负责。可是，此时的实权已经移至蒋介石手中。蒋介石复出后，首先仍是北伐。他清楚要北伐还须得到冯玉祥、阎锡山的支持。于是，蒋介石想到李烈钧，他知道李与冯、阎二位的关系不一般。为此，蒋介石亲自去了李烈钧家。他当面邀请这位前辈出任北伐军总参谋长，哪知李烈钧此时对蒋介石的提议有三点考虑：一、自己长期担任孙中山的参谋总长，孙中山去世后他已不再愿意担任此职位；二、在国民党的军事史上，他的资历远高于蒋介石，现在不愿降格相从；三、龙潭之役后，已明白蒋介石的用意是在利用各派系间的矛盾来排除异己，所以不愿做蒋介石争权夺利的工具。鉴于此情，李烈钧很干脆拒绝了蒋介石的聘请。这件事自然引起蒋很不满，所以之后在国民政府改组之际，把这位党国元勋、呕心沥血保卫国都南京的功臣李烈钧排挤出国民政府的领导层，给了一些虚职。6月3日，奉系大帅张作霖由北京返回沈阳途经皇姑屯时，列车被炸而亡。4日，南京国民政府委派阎锡山去接收北京的一切事务，至此除东北全境之外的国土在形式上说已经统一于南京国民政府。7月6日。蒋介石、李烈钧、冯玉祥、阎锡山、蔡元培、李济深、李宗仁等十一人在北京香山的碧云寺祭告了先总理孙中山先生。

8月8日，在南京举行了国民党五中全会，主要议题是改组政府。在这次会上，蒋介石使出了种种手段让他坐上了国民政府的主席，当然他也安排了其他党国要人的高位，可谓是弹冠相庆，唯独李协和一人向隅。谭延闿觉得如此对待李烈钧很不公，所以他在会上提出："本次政府改组，党内老同志皆有安排，只有协和同志尚无相当位置。去年孙传芳、张宗昌进犯龙潭威逼南京国民政府，唯李协和一常委坐镇国府，督导一切厥功甚伟，似不宜投闲置散。"大家听后都点头表示赞同，这时胡汉民跳出来说："李烈钧是复成桥惨案的负责人，政府不惩办他已算是宽大了，此人尚可用乎？"所谓的复成桥惨案，是国民党宁汉分裂后蒋介石的一名支持者在庆祝胜利游行时被人开枪打死。现在胡汉民突然搬出这件事来，分明是在讨好蒋介石。同时也在泄私愤解他当年之辱。与会者心里都清楚他排斥李烈钧是蒋介石的意思，所以就沉默不作声了。这次胡汉民配合蒋排李的另一层原因是他和李烈钧有过节，事情溯源于1923年，当时孙中山在上海指定在香港的李烈钧代行大元帅职权赴广州且由胡汉民协助。胡汉民心里很不爽但还是受孙中山之命与谭人凤去广州协助李烈钧代大元帅工作，两人到大元帅府见李烈钧，然不巧正逢李烈钧在处理公务，等了很久李烈钧才来见他俩，没说上几句话又去处理急事。胡汉民认为李烈钧在摆架子有意怠慢，虽有不满，但此行广州是奉孙中山之命，只能忍气做好协助工作。

蒋介石和胡汉民趁这次国民政府改组之际，联手把这位党国元老李烈钧挤出高层仅给了些虚有其名的闲职。会后，党内人士对李烈钧的评语是："不宜搞政治，最大的缺点就是自视甚高，风骨嶙峋。没有运用政治手段，只可做帝王的师友，是一位杰出的军事家而不是政客。"

1936年5月12日，胡汉民在广州因脑溢血去世，时在南京的李烈钧不计前嫌还亲书挽联以悼："往事忆珂乡，记从梅岭屠龙，曾仗提携纾粤难；耆贤易华簧，讵意茶陵跨鹤，又弹涕泪吊斯人。"

十六　功成息影　疏化建言

　　国民党五中全会结束之后，李烈钧悄然离开南京去了上海，离开了政治舞台和他征战多年的沙场。

　　李烈钧居住在上海的马斯南路（今思南路 91 号）一幢法式洋楼，"一意避贤"过起寓公生活。友人们时常去李府探望，并且劝他东山再起重返政治舞台。他感慨地说："你们是文人不懂军事，军人一旦离开部队太久体力会起变化。从前在军中我每天骑马奔跑一二百里满不在乎，如今不行了！""本人在政治上，既不愿结党营私，又不肯跟着别人同流合污，当然要背时！"有一次李烈钧在公开场合声明："自十七年全国统一后，余因养疴沪滨，对中枢政治，未负实际责任。"

　　1929 年夏，李烈钧想念已阔别许久的故乡，于是他由上海动身去江西武宁。船过湖口时他不由触景生情，当年在湖口讨袁的那一幕情景浮现在眼前，便想在石钟山处建一座讨袁纪念碑。完事后换上小船去武宁，船在修水河上缓慢行驶，他观赏着两岸秀丽的风光不时又想起自己在外闯荡已二十余年，人事沧桑山水依旧，不禁感慨万分，即时挥笔写下七律一首："春光迤丽满芳州，道出宁江望永修；天地有心恒覆载，湖山无羔任遨游。风敲岸饮疑琴韵，辉映林花似锦裳；更喜高人同击楫，悠然箕踞一扁舟。"此时，他虽被蒋介石排挤但毕竟还是国民党元老，船在修水河行驶中两岸上有卫队随行护卫。船行间，卫士押了一位妇女带进船来，说是女土匪。李烈钧平和对这位妇女说："不要怕。你住在哪里？你带我去！"站在一旁的卫士听后，提枪准备随行。李烈钧见后说："你们都不必去了，留在原地等我回来。"说完带着副官跟着那位妇女走了。

一个多小时后，李烈钧回到船上且高兴地说："都讲好了，他们会到县城来，到时我请他们吃饭喝酒。"

十天后，土匪首领带着他这帮兄弟们来到武宁县城，卫队见土匪个个持枪来到县城便警戒起来。这时，李烈钧下令卫队撤下且说："他们是我请来的客人，也是我让他们带枪的。"说完后便上前招呼这些土匪坐下来好好品尝一下丰盛的佳肴，土匪们坐下后便品尝起来，正吃得高兴时李烈钧起身说："现在我请夫人出来，为兄弟们敬酒。"李夫人华世琦知道面前的客人都是土匪，心里难免有点紧张。李烈钧见后笑着向夫人介绍，这些客人是我请来的，他们是绿林好汉。接着又说："我夫人从未和绿林好汉打过交道，有点紧张嘛。"李烈钧一席话后紧张的气氛顿时消除，大家也就无拘无束吃喝起来。饭后，李烈钧说："大家吃得可否满意？现在我想说几句话，凡是你们中愿做原行当的，仍请回去；愿改道经商耕田的，我给钱；最后，愿意当兵保家卫国的，可以留下来跟着我。"结果大多数人愿意留下当兵，李烈钧将这批人编成一个营，不久这个营奔赴了抗日战场。1930年春，在家乡武宁住了一年的李烈钧再度返回上海。船过南京时，他想到蒋介石等人在这石头城你争我夺，搞得国家不得安宁而感慨万端，情不自禁挥笔写下一首七律："日落星稀夜尚明，轻风淡荡送行旌；归舟欲破江心月，宿鸟惊闻弦外音。太息故国多鹤唳，懒从沧海看龙争；阋墙毕竟缘何事，孰挽银河洗甲兵。"

李烈钧到上海不久，闻知谭延闿在南京患脑溢血去世，不免伤感。忆起当年，再看前途，不知目标何在。次年，李烈钧去南京谒谭延闿墓时写了一首情绪消沉的五律："试涕瞻遗像，登堂益悄然；流风怀逝者，落月照当年。前路疑犹回，斯人信可传；吾将浮海去，那得梦黄泉。"

1931 年 5 月，蒋介石打败了冯阎联军后，召开了国民会议，通过了训政时期的约法，似乎显示全国已统一。但是党内的派系斗争仍存在，是月下旬桂系等派系在广州召开了非常会议反对蒋介石，在国民党的一、二、三届中央委员中那些不愿与蒋介石合作的也都南下广州。5 月 28 日，广州国民政府成立，并且通电要蒋下野。此时，李烈钧也被推为广州国民政府委员，但他不主张党内分裂且认为分裂的主责在蒋。

1931 年 9 月 18 日，日本公然派军进攻沈阳的北大营，东北军少帅张学良下令所部"万方容忍，不可与之反抗"。一夜之间东北三省沦陷，东北军也退至关内。时在南昌的蒋介石知道东北三省已被日本所占后，主张"先提交国际联盟与非战公约国，以求公理之战胜"。然而这件事引起了全国人民的愤怒，国民党内反蒋各派也利用此事进一步反蒋。蒋介石在党内强大政治压力下，不得不在 12 月再次下野。蒋介石下野之后广州的国民政府也就取消了，国民党在南京召开了四届一中全会且推举林森为国民政府主席。可是，不久蒋介石和汪精卫在共同的利益下相互又勾结起来且达成了契约。1932 年 1 月，汪精卫在蒋介石的操纵下接任了国民政府行政院院长一职，同时蒋介石也顺势回到南京重返政治舞台，两人共掌国民政府的大权。

九一八事变后，全国民众掀起了一场空前规模的抗日救亡运动。然国民党的高层人物不仅不团结御侮，还在争权夺利。在国难当头之际党内此怪异现象让李烈钧大为失望，他致电中央："审度大势，早定方针，一致奋起，披肝沥胆，与国人相见，赴汤蹈火，与敌人周旋"，以示他对抗击日寇之决心。这时候在张家口的冯玉祥也联合了吉鸿昌、方振武、冯占海等部队约十万人竖起察哈尔民众抗日同盟军大旗，冯任总司令，方振武任前敌总指挥开赴前线打击日寇，战斗不到一个月就把日伪军全部逐出察哈尔。正值举国欢庆、军威大振时，蒋介石和日本签订了《塘沽协定》且派员去劝冯玉祥"勿担风险，以安全为重"，但被冯玉祥严词拒绝。蒋介石对这位盟兄不惜撕下假面具且以"破坏整个国策、妨碍中央统一政令"之罪名，调集中央军十三个师包围他盟兄冯玉祥的同盟军。

在上海养病的李烈钧闻知后很气愤。他表示坚决支持冯玉祥的抗日之举，且以国民党中央执委和国民政府委员的身份多次致电中央以阐明其观点："冯委员玉祥，举义张垣，志在收复失地。"同时，他又将冯复己的电文转呈并且建议："请授大权，俾当大任。"可是，时任国民政府主席的林森有职无权。这时的蒋介石已动用其手中大权一面派兵威慑冯玉祥，另则用卑鄙之手段以利禄为诱饵收买同盟军中的动摇分子脱离冯部。军中的鲍刚、张人杰、孙殿英、冯占海等人被收买后即把队伍带走，最终导致同盟军分裂而失败。冯玉祥在各种压力下于 8 月 5 日通电辞去同盟军总司令一职，抱恨离开张家口隐居于泰山。

李烈钧对察哈尔的抗日失败深感痛心，他在《察哈尔抗日实录》的序言中写道："是书痛史也……公惧国之亡，念民气可用，奋起御侮，爱国之士，遐迩从之，倚公若长城。旧将义军，咸集麾下，于张垣开军民大会，共决大计，国人响风，士气益振。收溃乱之众，成节制之师，遂克察东诸郡，暨多伦重镇。日军落胆，举国欢腾，公之业诚伟矣。方期勠力长征，尽复失地，雪耻报国，乃未几以《塘沽协定》闻。政府更派大军十三师薄宣化，天下讶然。而公则处之坦然，乃通电解兵，与爱国军民别矣，自是国内遂无复有举抗日之旗者。"序言中充满着义愤填膺，他对冯玉祥的抗日之举给予高度赞扬。对蒋、汪的逆行滋事也予以揭穿。1932年1月28日深夜，日军悍然向上海发动攻击。国民革命军第十九路军激于民族之义愤而奋起抵抗，拉开了淞沪抗战的序幕。1月30日，蒋介石在庐山发表"告全国将士电"，声言："抱宁为玉碎毋为瓦全之决心，与暴日相周旋。"2月14日，国民政府正式颁发令，以国民革命军第八十七、八十八两师组建第五军，由张治中将军任第五军军长增援淞沪战场。

这时候，李烈钧又回到老家武宁养病，但他心中仍牵系着抗战。不久。冯玉祥邀请他上了泰山，两人共同表示无意再争名利地位愿当隐居的"逸民"。李烈钧在泰山期间写下许多诗句，颇可反映他当时的心情，其中有两首诗："携手登岱巅。一览天下小；自古无贤遇，都为名利扰。人醉我独醒，卜居绝人境；今古岂易情，名山聊息影。"及"耻食周家粟，逸民安可辱；此处非首阳，高贤欣寄足。"在泰山的日子里。冯、李两人是读书、练字、赋诗形影不离。然李烈钧的健康状况也在日趋下降，经医生检查后血压和心脏的病情很严重。医生没有将实话告诉李烈钧，但告诉了冯玉祥。冯知道后心里很难受，欲意给老友塑一尊铜像于是他请了雕像大师为李烈钧画了肖像。冯玉祥此举不难看出他和李烈钧是兄弟。夏末，李烈钧辞别了冯玉祥，下了泰山回武宁。途中李烈钧写了一首离别诗赠予冯玉祥："并力扶危志待伸，抗怀天地亦艰辛，匡庐归去东山远，五老峰头望故人。"诗句中表达了他依依惜别之情。李烈钧由泰山到了上海，时值上海各界人士在追悼国民革命军第十九路军阵亡将士。李烈钧为纪念活动写了一副挽联以表敬意："赖有雄狮摧劲敌，休将协定告英魂。"他赞扬了十九路军的英勇抗日之精神，也抨击了蒋介石和日本订立的《淞沪协定》。1932 年 9 月，日本在中国东北扶植了傀儡建立了"满洲国"。时在上海的李烈钧、程潜、柏文蔚等人，在 9 月 25 日联名通电表示："此而可忍，国何以立"，指责南京国民政府"犹泄沓如故"，"并无自救自助之良策"。

10 月 2 日，国联的李顿调查团对日本侵占中国东北的调查报告文书出台。这份报告表面文章上来看似乎是公允的，可是实质上却偏袒日本的侵略行为。然南京国民政府认为报告文书"明白公允"，此表态马上被有良知的国人坚决反对。10 月 6 日，在江西瑞金的工农政府发表了"反对国联调查团报告书"的通电。李烈钧和冯玉祥、程潜也联名通电反对国联所谓的调查报告，并且希望国民政府"于政策上应有坚决之转变。放弃不抵抗主义"。这位奠定国都的党国功臣李烈钧，虽被蒋介石、胡汉民之流的个人宿怨所排挤出国民党高层核心，使他曾一度寒心消沉，但是在国家民族危难时他能再度振作。从他的诗中那句"义声远播幽燕动，那得刘唐再戍边"中可以看出他此刻的心情依然是牵挂着国家的存亡。对蒋介石的"攘外必先安内"的政策，不予接受且清醒地表示"频年未遂澄清志"，"自愧平生虚跋履"。他更认定"世态翻云还覆雨，长河激浊复扬清"。所以他决定出山为抗日而奔走，呼吁国人起来战斗。

十七　坚持抗日　翊赞中枢

　　1932 年 12 月 15 日至 22 日，国民党召开了四届三中全会。李烈钧因病未能出席。但是他在 12 月 14 日致电三中全会，阐述他对国家民族危机原因的看法。他认为"以人民莫由尽其智能之故，遂成今日之危局"来阐明自己的观点。时年 11 月 21 日，东北义勇军救护大队召开第一次理事会，会上聘请了李烈钧为监事。他欣然接受聘请，并且在 12 月 26 日抱病为全国艺术家捐助东北义勇军作品展览会书写了一副八尺长的对联，以筹款的形式支援前线的将士。1933 年 1 月 3 日，日军攻占了山海关和临榆县城。2 月 21 日又继续进攻热河。南京国民政府派出何应钦去北平主持军分会，宋子文此时也去了北平"筹划军饷"，这些迹象似乎在说国民政府已在做对日军开战之准备。其实，何应钦去北平更重要的使命乃是顺势把张学良挤出北平。果然不久，张学良在各种势力的弹压下离开北平出国"考察"。热河被日军占领后，南京国民政府为了应付全国民众抗日之呼声，召开了国防委员会会议。正在江西养病的李烈钧也被邀请参加会议，他接到通知后即刻复电表示："合力御侮，焉敢不勉，大计决定，自当入京。"这时候，李烈钧以为蒋介石已下决心抗日了，所以才稍具信心赴南京。

在国防委员会的会议上他提交了"建设国防与改革内政"的提案，会议几天下来也只是在"略尽言责"上绕来绕去并无实质性措施，充其量是纸上谈兵。所以，李烈钧3月1日去电在南昌的蒋介石，向他表示抗战须有行动且愿去太原说服阎锡山出兵长城参加抗战。蒋介石同意了他的建议，他在动身前致电阎锡山："燕营幽并，紧相唇齿，扼要运筹，实为后卫之区"，来表达其夙愿亦为公助。3月初的江南是春寒料峭，然此时的北方依然是寒冷肃杀。李烈钧患有脑血栓最忌讳寒冷，可是他在3月4日还是踏上去西北的列车。行车三天两夜到达山西太原，会晤了老同学阎锡山且转达了中央的旨意，请晋绥军出征参加抗战。老同学多年未见显得格外亲切交谈自然顺心，正题谈妥后李烈钧也顾不上休息便赶去张家口。在张家口他见到挚友冯玉祥，一时兴奋得忘掉了旅途中的疲惫即与冯玉祥叙谈起来。他们对当前的局势进行交流且达成了共识，在聊的过程中冯玉祥接受了李烈钧的建议愿择日去南京供职为抗战出力。李烈钧在南返途经北平时稍作停留休整，他与北平的同志及张学良相聚共商抗日大计。

此次，李烈钧怀着"先救热河"之情北上，前后奔波了太原、张家口、喜峰口、北平、保定、石家庄达二十多天，期间除了行使传达、协商、视察使命外还与当地的各界人士及党派保持联络，并且多次接见记者表明他抗日之决心，呼吁全体国民支援前线抗日。此行，他虽然一路劳顿但在他心底还是存有成效感，他协调了地方与中央的关系且在抗日的问题上达成一致。在顺道保定时他当面建言蒋介石要"开放政权，使国人得以尽力救国与建设"。蒋对他的建言也表示采纳。同时，他也沟通了蒋与冯的关系，为冯玉祥暂不入京供职作了合理之解释。回到上海后他又接待前来采访的记者，与其畅谈此行的感受。他言辞如下："本人自奉召后，即与中央各位同志研究如何挽救中华民族存亡的方策，各位同仁也能掬诚相商一派好氛围。嗣以热河告急，本人极为关注，乃决意北上协调。不幸途中，即闻承德失陷消息，心急如焚，益增焦虑，愧无只兵可用，以与暴日相拼于前方。至太原晤百川先生数次，阎先生抗日态度异常坚决，并谓三晋健儿十万，必使其站在抗日的第一线，所部已全体动员，开抵察边。有人常谓，晋省军队萎弱，其实不然，如最近在冷口屡挫暴日之商震部，固晋军也，其他如傅作义、李服膺、杨受原诸部，均甚可靠。倘日军西犯，必予重大打击。嗣由太原，乘汽车至张垣，晤布衣将军冯焕章先生。冯先生风采，一如往昔。关于抗日，冯先生的主张是积极的，强硬的，决不主张固守。至报章屡传其有晋京消息，冯先生一再表示，抗日须站在前方，要与日军真杀真打，盖渠颇不愿躲在后方避难也。中央对渠之所陈，尚在考虑中。现在日军亦有意侵略张垣，冯先生即将处在火线矣。乃本人鉴于国难日亟，若不全国人民团结，国亡实无日矣，乃寻访开放政权。本人在保定与蒋委员长已屡谈及，蒋亦深觉过去之错误。故本人至京之后，正式提交中政会。此份提议，汪先生及党内各位同志均赞成，乃决定七月一日召开全国国民代表大会。将使中央政权真正操于国民，同时集中全国的精英人才来管理中央政权。这样才能内既团结、外侮自易御也。"

4月间，在北平的何应钦和黄郛收到了日本当局提出的谈判建议书。两人均表示可以谈。于是，他们一面先与日本驻北平使馆的武官接触，同时让黄绍竑赶去江西庐山请示蒋介石。蒋介石知道后，在5月初任命了黄郛为北平政务整理委员会委员长，具体负责与日本方交涉停战协议。这时候，李烈钧才回到南京就闻悉黄郛作为中方谈判代表已和日方进行

　　　　　　　　　　　　　　　铁血将军李烈钧

了停战协议的谈判，心里很不爽且坚决反对。他立即致函国民政府主席林森并转国防委员会："昨电计已呈察，北平来员，所称种种，殊增民族之羞，日人猖獗益甚。本党处此，奚以为计耶？前呈提案，未荷详商，此时束手待毙，固咸知其不可，即枝节为之。亦实无济于事，必举全国之力，始克当此大难，望诸公再审之。……"

李烈钧深知他所提出的问题是林森无权作出决定的，因为实权是操纵在蒋介石手中。所以，李烈钧把《时事新报》上某大学教授的那篇文章剪下来直接寄给在庐山的蒋介石以资提醒。数日后他见蒋介石没有反应，于是在 5 月 13 日给蒋介石发了一份电报。电文中引用了宋朝抗金的历史典故来示意蒋介石。电文："曩观宋史，深感徽钦不能用宗泽、李纲之言，收复三镇，演成南渡之局，迨人心离散，大势既去，岳鹏举奋起江淮，文宋瑞应召勤王，事已迟矣！况有秦桧、江伯彦、黄潜善外通敌国，内沮忠良乎？"可是，此时的蒋介石已经有了他的抗日方针策略且已经定下，所以对李烈钧的电文自然就不为所动。

在李烈钧给蒋介石发出电报的第二天，黄郛在北平已经行使了他的职权，正式与日本代表进行条款谈判。

5 月 31 日，黄郛代表南京国民政府与日本代表经过几次谈判后签订了《塘沽协定》，此份协议在事实上已经承认日本占领东北及热河的合法性，并且把察北、冀东的大片国土拱手相让给日本，使华北的门户彻底打开。

李烈钧面对日军的猖狂侵略，心急如焚。他对国民政府于日本的态度不明朗而再也坐不住了。在 1933 年 5 月 15 日他向国民党中央提出了一个"人所不敢议的建议"，此建议宗旨就是要求"负政治责任者，迅颁罪己之文，广开言路，凡昔党内外所建议，其有裨于救国者，迅采行之"。

李烈钧提出他的建议之后担心其言单力薄，为此在次日又分别将建议书送居正、汪精卫、孙科、经子渊、叶楚伧等党内要人，并且要求叶楚伧把他的建议书分别送到各院的院长和委员手上，希望能得到这些人的支持。

然而，蒋介石、汪精卫此时只想着罪人不想罪己。他们不愿意采纳李烈钧的建议，只是敷衍同意其"公开政权"这一件事，但是没有出具文件只是在口头上许诺而已。李烈钧对此态度极为不满，他在28日直接向蒋介石提出："社会各界人士切盼的是政府如何对日的执行力度，而不是什么口头许诺，至少应该实行政治上的最低限度自由。"

6月14日，李烈钧参加上海各界知名人士组织的以抗日为主题的座谈会。他在会后再次向蒋介石提出抗日的建议：一、严令军政各机关不得任意逮捕人民，秘密处置，亦不得滥用军法。二、是非得失公开辩论，取消文电检查，修改民众运动的组织法，切实保障言论、出版诸自由。李烈钧虽知蒋听不进去，但不吐也绝非他秉性。此时，在南京的冯玉祥因向蒋介石提出抗战的建议而换来的是敷衍没有实际措施，所以他不愿被人摆布决定离开南京。8月5日冯玉祥返回泰山，走前他再次邀请好友李烈钧上泰山静心养病。冯玉祥离开南京后，在江西庐山上的蒋介石获悉李烈钧近期会去泰山会访冯玉祥，他想知道这位盟兄葫芦里究竟卖的什么药，于是他电请李烈钧来庐山一晤，顺势通过李烈钧摸一下冯玉祥的底细。

1933年8月8日，李烈钧坐船起程去九江上庐山见蒋介石。船行到小孤山时，他触景生情不由诗兴来潮而赋诗一首："螺屿嵌空翠色鲜，波涛钟鼓上云天，羡他渔父能忘世，白日江湖醉酒眠。"诗句中委婉地透露出李烈钧此刻仍渴望有所作为的心态及真想为国家的强盛再出一份力的心境。

　　船到九江后，李烈钧转车上了庐山回到牯岭的崇雅山庄家中。没休息多时就接到蒋介石的电话请他去美庐。李烈钧来到美庐时，蒋介石已在大门口迎接。两人步入房内彼此寒暄之后，蒋介石便开门见山询问他的盟兄冯玉祥的情况。李烈钧清楚蒋介石和冯玉祥是换了帖的"拜把兄弟"，但也只仅仅是口称盟兄而已。便回道："冯居泰山，百事不闻，每日只是读读书练练字，别无他求。"蒋介石听后假惺惺地说："焕章兄这次通电交权离职去了泰山，事前他也不与我商量，实在是不应该。那样会让不明真相的人还以为是我在逼他交兵权。"李烈钧明白此番话分明是在推脱，真是欲盖弥彰的可笑。但是，此刻的李烈钧面带笑意说："委座对焕章兄将作如何安排？"蒋介石未作正面之回答，而是反问李烈钧有何高见。李烈钧素知蒋介石的那一套心思，他是绝不会再给冯玉祥兵权了，便说："请委座考虑，想必不会冷落你的盟兄吧！"

　　次日，蒋介石又给李烈钧电话，请他务必来美庐议事。李烈钧原本想托病不去见蒋介石，况且以前蒋介石在美庐时，只要知道李烈钧也在庐山，他必定抽时间去崇雅楼看望。然每逢蒋介石去李府都在院内的六角亭就座与李烈钧边喝茶边聊天，很少进崇雅楼内。蒋介石虽是国民党首脑，但在庐山时他从不先召李烈钧去美庐官邸见面，而是先去崇雅山庄探望以表他对李烈钧的尊重。李烈钧比蒋介石年长五岁，可是资历比蒋要老得多，既是国民党的元老，又是推翻清政府、讨伐袁世凯创建民国的大功臣。现在李能先去见蒋是为了挚友冯玉祥，让他为抗战再出一份力所以无奈去了美庐。蒋介石见李烈钧到来马上上前迎接且请他入座，随说：中央已做了研究，决定由冯玉祥将军出任军事委员会副委员长一职。李烈钧听后很高兴，表示为了抗日愿意去泰山传达中央任命。

1935 年 3 月，南京国民政府筹备纪念孙中山先总理逝世十周年活动。李烈钧知道后，他不由忆起孙中山、黄兴、廖仲恺等并肩作战的昔日同志，然现在其也是疾病日重"旦暮且去夫，乌可腼膴于世"，但又感到今日之局势有如骨鲠在喉不吐不快，于是他决定扶病赴南京参加先总理中山先生的纪念活动。

3 月 12 日，纪念大会在中山文化馆举行。上午九时与会者向先总理谒灵，十时大会首先由文化馆馆长致开幕词，接下来由居正、林森、汪精卫、王世杰等人先后上台讲话，唯独没有安排李烈钧上台讲话。大会进行到午前时与会者都已面露倦意，司仪见此状况准备宣布散会。这时候台下的李烈钧突然从席位上站起来大声说：还有人要发言，边说边走上讲台。此刻，会场上的氛围为之一变，鸦雀无声。李烈钧扶着讲台，目光如炬凝视着台下说："吾李协和，这两年来虽然是常卧病在床，但是党内同志也常来信及看望基本上都是在劝己少说话、多休息，所以两年来本人是缄默寡言，今日在纪念先总理中山先生活动上那就得非一吐为快，不然真的是很憋气。"台下的人似乎一下子恢复之前状态，聆听这位党国元老的讲话。

李烈钧指出，当前日寇如此横行霸道，侵犯中华，国内没有自由平等，万事都取决于一人，然而目前的情形都是违背孙中山先生的精神所致。讲话中他点名批评了蒋介石、汪精卫对抗日只是在唱高调，从未闻其有实际行动。最后，李烈钧再次呼吁与会者："请各位同志看看先总理遗像下悬挂的遗嘱条幅，上面清楚写道吾人欲达到此目的，必须唤起民众及联合世界上以平等待我之民族乎？共同奋斗乎？"李烈钧坚定地呼吁，义正词严的讲话，可以说李烈钧他已经是尽其所能，鞠躬尽瘁了。

可是，李烈钧这些肺腑之言，并未产生实际有效的作用，会场上的呼应声也是寥寥无几，大多数人都保持沉默。他原想先抛出一块石，总能会荡起一些水花，但是眼前这场面使他感到很失望，觉得此时的南京国民政府已经是"天上星河没，海上波涛歇"，一片混沌、一片沉寂。李烈钧是党国元老，他在党内确实有着极大影响力。他的言必信、行必果的行事风格被党内的同志称为是"言人所不敢言"，敢作敢当的说真话的人，然而外界的民众对他的秉性就不那么了解了。

蒋介石对李烈钧这位前辈的口无遮拦实在是无奈，只好容忍他在党内直言睁一只眼闭一只眼了。但是，李烈钧在公众场合与蒋唱反调的话，蒋是绝对无法容忍的。他为了缓解矛盾堵上李烈钧的口，这年再次造访李家且请李烈钧出任国民革命军参谋总长一职。可是，李烈钧从蒋介石对待其"盟兄"冯玉祥的言行上已经对蒋的为人之道有了更深地了解，所以他与蒋介石之间保持着若即若离的状态。于是，他顺势回绝了担任参谋总长一职。

3月15日，李烈钧上泰山与老友冯玉祥相聚，他此次上山还负有政府的使命就是说服冯玉祥出任国民政府军事委员会副委员长一职。

冯玉祥见挚友上泰山非常高兴，两人同游了蓬莱阁，纵谈了国内外的大事，尤其是抗日。

两人聊到东北现在已被日本军队侵占，广大的民众在战争蹂躏下逃离家园时，冯玉祥脱口而出"蓬莱阁中商谈抗日"，李烈钧紧跟上一句"抗倭城头纵论保民"。两人可谓默契，会意一笑，接下来的话题自然是抗日，此刻李烈钧很期望冯玉祥能出山召集旧部担负起继续抗日救国的重任，于是李烈钧又挥笔写下对联："攻错若石，同具丹心扶社稷；江山如画，全凭赤手挽乾坤。"冯玉祥见字后也手书一联："先哲捍宗邦，民族光荣垂万世；后生驱劲敌，愚忧惨淡继前贤。"瞬间，两人的抗日情绪高涨。李烈钧顺势话题一转，他把国民政府盛请冯玉祥去南京供职一事提起，冯玉祥听了后说："他老蒋做事，一贯是出尔反尔。我要是去南京恐怕也起不了什么作用，还不如待在山上等待时机。"李烈钧便说："你是本党的中央委员，又是国府委员，在中央会议上你是有发言权的。假若在国府开会时，主张抗日的中央委员提出坚决抗战的议题，你如果在场的话这主张抗日的呼声就完全不同了，我感到你在场定能改观局面起到效应。这要比你在外单干强得多嘛。"冯玉祥听了李烈钧这番诚恳的话后，为了抗日接受好友的建议再次赴南京任职。

1935 年年底，也就是汪精卫遭遇行刺不久，冯玉祥由泰山来到南京就任国民政府军事委员会副委员长。

冯玉祥这次来南京就职，他和李烈钧同住在中山陵脚下音乐广场处的小楼房。党内一些老人来访李烈钧时说，冯将军在南京出门时可要当心，这里的保卫工作也要加强。李烈钧风趣地说："没有关系，爱护人民的，人民自然会来保护。然反对人民的，即便被人打死那也是活该。"

1936 年春夏之交时，全国的民众已经汇成了一股抗日的新高潮，这全国性反日斗争的呼声也影响到了在西北地区的东北军和西北军。这两个军的最高长官是张学良少帅和杨虎城将军，他们俩在全国反日的声势下多次向蒋介石面谏，提出了"停止内战，一致抗日"的主张，可是被拒绝了。为此，张学良和杨虎城这两位将军在是年 12 月 12 日在西安华清池扣留了蒋介石，实行了"兵谏"，这就是震惊中外的"西安事变"。

西安事变的发生，引起了国民党两派之间在主战和主和的问题上争论不休。以何应钦为首的主战派，主张用武力讨伐张学良、杨虎城的叛军且动用空军去轰炸西安。主战派这种大规模军事行动难免要伤及到蒋介石，所以宋美龄、宋子文力主以和平谈判的方式来解决这问题，从而

　　　　　　　　　　　　　　　铁血将军李烈钧

解救蒋介石。这时候，李烈钧和冯玉祥也住在南京，他们在每个周日都会约志同道合的友人来家中闲聊。西安事变的发生自然成了大家议论的中心话题，围绕着蒋介石和张学良间所发生的事大家各持己见。李烈钧此时的态度很明确，尽管他对蒋介石的一些做法极为不满，但是心里很清楚如果蒋被杀，中国必将酿成更为不利之局面。所以，他和冯玉祥商议后达成共识，力主以和平谈判的方式去解决西安问题，并且配合宋美龄在军事委员会的会议上力争以和谈之方式处理西安事件。

西安事变初起，李烈钧当时忧心忡忡，深恐酿成内乱，曾分别致电张学良与杨虎城，劝告他们。给张学良电文如下："来电阅悉。君非雨亭公之嗣乎？父仇未报更酿内乱，何以为子？以怨报德，威胁主帅，何以为将？天下重员而立，侧目而视，何以为人？为今之计，惟有遵行冯公所示第一条办法，并肉袒负荆，谒京请罪，则过也如日月蚀，前所见，天地之心也。失落不反，闻道犹迷，君岂其然？"随即又给杨虎城电云："文电诵悉。自兄等劫持主帅，海内震骇，人心愤激，斯为特甚。夫智者顺时而谋，愚者逆理而动，中央之于诸兄，倚畀至深，如有意见，尽可商陈。介公宵旰忧劳，谋国久具深心，御侮救国，中枢年来积极策划，已有显著之成绩，兄等宁不知之有素，何冒出此不韪耶？度兄处乱军中，亦不克自主。然当努力自拔，曷速图之。"

西安事变经过多方面多层次的共同努力，终于谈成了国共两党再度合作一致抗日，事件也得以圆满解决。

12月26日，张学良陪同蒋介石一行离开西安飞回南京。在南京机场，国民党要人及社会各界人士早已在机场等候，李烈钧在二子李赣驹搀扶下也到机场迎接。

蒋介石下机后，雍容自若对前来迎接的人们表示谢忱，随后在护卫的护送下回到总统府，此时张学良跟着宋子文去了宋家。当晚，蒋介石让宋子文与张学良好好谈谈，劝其应有认错认罪之表示。张学良为了表达诚意，也为早日能返回西安便向蒋介石呈文："介公委座钧鉴：学良生性鲁莽粗野，而造成此次违犯纪律不敬事件之大罪。兹觍颜随节来京，是以至诚意领受钧座之责罚，请处以应得之罪，振纲纪，警将来。凡有利于吾国者，学良万死不辞。乞钧座不必念及私情，有所顾虑也。学良不文，不能尽意。区区愚忱，俯乞鉴察。专肃，敬叩钧安！学良谨肃。（十二月二十六日）"

次日，中央党部召开了会议。蒋介石在会上，亦将整个事件的经过作了一个简单扼要之报告。会上诸多的同志严厉谴责张学良，他们说，国家以法令纲纪为重，这次事变的主犯张学良既已同来，应交军事法庭审判，以治其罪。最后，会上通过了此项动议。接下乃是由谁来担任审判长呢？按照军法条例规则军衔比张学良低的军人是不可以审他的，然比张学良军衔高的只有蒋介石，同级的只有李烈钧、何应钦等。这时候，冯玉祥怕有人会提名何应钦来审理，如果一旦由何应钦来审那么对张学良来说肯定会不利的，再说何应钦也未必能镇住张学良。为此。冯玉祥力荐李烈钧将军。与会者也认为李协和是最佳人选，毕竟李烈钧资历老，是国民党元老级人物，能镇得住场面。于是，大家一致公推李烈钧为高等军事法庭审判长，上报国府。

宋子文得知蒋介石要送张学良上军事法庭审判的消息后，心里一阵不安便去了蒋府。他当面责问蒋介石："你说过的话，现在还算不算数？"蒋介石听后非常愤怒，拍着桌子说："汉卿他是在犯上作乱，我不能放他回西安！他必须受到军事法庭审判，军委会也是这个意思，必须审判张学良。"说完之后转身而去。宋子文此刻是气得用脚踢门，跺地板，并且大声唾骂蒋介石是一个背信弃义之人。

宋子文从蒋府回到家后，就把蒋介石要送张学良上军事法庭的事告诉了张学良。张学良听后很镇定，当他知道审判长是李烈钧后，认为这次军事法庭对他的审判只不过是走走形式而已，不会有多大的问题。因为，张学良对李烈钧一直是很敬重且视为长辈。同时，他对李烈钧也是了解的，李是一位党国元老，辛亥革命前后始终追随先总理中山先生左右，其父张作霖与孙中山之间的联系也是通过他才得以实现的。所以，在这一刻张学良反过来去安慰宋子文且说："李公协和是了解我的，这次由他来审判不会把我怎么样的。"

12月28日上午，张学良奉召到国民政府军事委员会开会。当张学良和他的卫队刚跨进国府大门就被南京宪兵司令部警务处处长丁昌拦下，并且当场缴下他们的枪，随后由宪兵将张学良押送到孔祥熙公馆看管起来。

12月29日，国民党军事委员会下达了法丙字第17807号命令，委任李烈钧为军事委员会高等军法审判长。当日，军委会约请李烈钧来开会。李烈钧当即前往军委会，见冯玉祥和何应钦已在会议室坐着，朱培德和鹿钟麟作为列席者也到了。会议由军委会副委员长冯玉祥将军主持，他说："西安事变，全国震惊。现张学良已送蒋委员长回京，经中央决定组织高等军法会审，审判张学良。国民政府已特派李协和先生为审判长，审判官的人选亦应从速决定，请大家提名。"何应钦说："审判官的人选，应尊重审判长的意见，最好请审判长提名。"

李烈钧心里想，朱培德曾经是云南讲武堂的高才生，又是历经护国、护法、北伐的一位战将，蒋、何对他也很信任；鹿钟麟乃是驱逐末代皇帝溥仪的功臣，又是冯玉祥的旧将，况且他们俩也列席了这次会议，此刻提他们二人的名，冯、何一定会同意的。于是，李烈钧提名朱、鹿二人为审判官。冯玉祥见大家都没有意见，便说："诸位同仁没有意见，那就这样定了，散会。"

李烈钧从军委会回到家后，脑中还在思考审理的事。他深深知道这审判长不易当，既然已接手了此案，就必须尽责去做好，为了厘清法律上的程序、案例，他邀请前最高法院院长、法学家徐元浩到家来对此案作初步研讨。

次日，李烈钧又请徐元浩及他熟识的法学家二十余人来家里会餐并商讨案件。徐元浩先发表了意见，他说："张学良在西安，对蒋委员长的安全，非但没有尽到护卫之责，竟敢胁迫统帅，勿论其为主犯还是从犯其为要犯无疑。此案关系重大，应请审判长从严议处，以申法纪。"在座的人都赞同徐老的意见。大家是你一句我一句，不觉已到下半夜两点了。李烈钧在早些时间已准备好酒菜，此时他请这些学者去餐厅用餐以表谢意。

中央政府的一些官员此时也在频繁活动，甚至纷至李府探听消息，其中以宋子文和傅汝霖二人最为关切。他们先后上李府询问此案如何处置，李烈钧与来者说："我个人没有什么意见，一切秉承中央党部和国民政府的意旨办事。"

当然，李烈钧也并非毫无己见，不然也不会费神请那么多的法律专家学者来家中磋商案情。他所做的这一切事前工作都是在为审判而准备，这些都充分说明他很重视此次的审理。

明天要开庭了，尽管他对蒋介石在这几年中处理国事上的点滴持有不同的看法，但在这次事件上的态度还是有必要去当面摸一下底。李烈钧到了蒋府刚坐下蒋介石便说："审判长对此案将作如何处理？"李烈钧回答:"张学良发动西安事变是'叛逆'行为,有谋害主帅的打算,但能悔改,亲送委员长回京。愿委员长宽大为怀,赦免对他的处分而释放他。"其实此段话李烈钧是在为蒋着想,愿蒋借释放张而使国人因此崇拜蒋胸襟的"宏伟"。可是,蒋介石听后未作答。李烈钧继续再说:"我国历史上有两个人,一个是齐桓公,他不追究管仲对他曾有射钩之仇,却拜管仲为相。另一个是晋文公,寺人披几次要谋害他都未得逞。后来有人要谋害晋文公。寺人披闻知赶到晋文公处告发。晋文公先不见他。经寺人披说明来意后,晋文公宽恕他,并接见他。晋文公终于免受一次暗害。这两桩历史事件可否作为本案的参考,请委员长核示。"此时,蒋介石仍然沉默看着李。李烈钧原想用齐桓公、晋文公的典故来劝说蒋能释放张学良,可是蒋不吭声。

李烈钧想反正该说的话也说了,便起身告辞,临走时又对蒋说:"此次奉国府特任钧为审判长,当依军法权理。"这时蒋介石才开口说:"君慎重审理之。"这次谈话的结果也意味着李烈钧将要演一出代蒋受过之戏。

30日晚上有人提出,李烈钧和张学良的军衔都是陆军二级上将,按军法审判长的军衔必须高于被审者。蒋介石知道此事后电告国民政府主席林森,让他连夜补办任命书,将李烈钧的陆军二级上将衔升为一级上将衔。

1936年12月3日上午九时,国民政府军事委员会高等法庭开庭审判张学良。审判长李烈钧偕朱培德、鹿钟麟两位审判官稳步进入法庭且在主审台坐下。台下公众席位上的人不多,几乎都是政府官员和特工人员,此外就是些报社记者。法庭上的气氛显得很严肃、寂然无声。

审判长李烈钧宣布开庭,命令法警把被告张学良带上法庭。不一会儿，张学良面带笑容，趋立案前。李烈钧念着张学良是陆军上将，又是未遂犯乃让他坐下，可是张学良乃含笑鹄立。李烈钧问张学良："你知道犯什么罪吗？"张学良回答："我不知道。"审判长翻开陆军刑法给他看，并且对他说："陆军刑法的前几条，都是你犯的罪。你怎胆敢如此？"学良态度从容，答话直率，毫无顾忌。李烈钧心里想：学良真是张作霖的儿子啊！审判长接着问他："我们准备了一份向你提问的几个问题，要你逐条回答。你愿先看看这些问题吗？"张学良回答："可以，请给我看。"

片刻之后，审判长见张学良已过目便接着问："你胁迫统帅，是受人指使呢？还是你自己策划的呢？"张学良回答："我自己的主意。一人做事一人当，我所做的事，我自当之。我岂是任何人所能指使的吗？"张学良侃侃而谈且反问李烈钧："我有一句话，请教审判长，可以吗？"李烈钧说："当然可以。"张学良说："民国二年，审判长在江西起义讨伐袁世凯，为的是反对袁世凯的专制与称帝，对吗？"李说："是的。"张学良理直气壮地说："我在西安的行动，为的是谏止中央的独断专行……"此话没等张学良说完，李烈钧立即斥责他："胡说！那袁世凯怎能与蒋委员长相提并论？你在西安搞事变，是自寻末路，怎能归罪于谁？"坐一旁的审判官见李烈钧越说越火，便劝他暂时休庭休息一下。

休庭十五分钟后，复回法庭继续审讯。李烈钧很严肃地对张学良说："你在西安做的事，应据实供出，否则对你不利。"言未已，鹿钟麟审判官亦对张学良说："审判长待人素持宽厚，汉卿幸勿失此良机，从速实告。不然求一生路亦不可能，君其毋悔！"张学良听了之后也就不作辩解且表示感服，据实陈述，遂定谳。

审判长李烈钧将审讯记录分别呈报中央党部和国民政府鉴核，嗣委员长呈请特赦，张学良判处之罪刑，免予执行。

附件：军事委员会高等军法会审判决书。

判决：被告张学良。

主文：张学良首谋夥党，对于上官为暴行胁迫，减处有期徒刑十年，褫夺公权五年。

事实：中华民国二十五年十二月本会委员长蒋中正，因公由洛阳赴陕，驻节临潼。十二日黎明，张学良竟率部劫持至西安，强迫委员长承认其改组政府等主张。当时因公随节赴陕之中央委员邵元冲、侍从室第三组组长蒋孝先、秘书萧乃华及随从公务人员、卫兵等多人，并驻陕宪兵团团长杨震亚等，闻变抵抗，悉被戕害，侍从室主任钱大钧亦受枪伤，又在陕大员陈调元、蒋作宾、朱绍良、邵力子、蒋鼎文、陈诚、卫立煌、陈继承、万耀煌等均被拘禁。当经蒋委员长训责，张学良旋即悔悟。于同年二十五日随同蒋委员长回京请罪。事变初起，奉国民政府令，交本会严办。兹又奉交张学良请罪书到会，经组织高等军法会审终结，认定事实如上。

理由：本案被告张学良，率部劫持统帅，强迫承认其改组政府等主张，有被告之通电可证。至戕害官员，拘禁将领，均系公然事实。虽属其部众之行动，但该被告实为主使发动，亦极明显，自应负其罪责。核其所为，实犯《陆海空军刑法》第六十七条第二款前段，《中华民国刑法》第二百七十一条第一项第二项、第三百零二条第一项之罪。但查其所犯诸罪，乃系一行为而触犯数项罪名，或犯他项罪名应援《陆海空军刑法》第十五条、《中华民国刑法》第五十五条，依《陆海空军刑法》第六十七条第二款前段从一重处断。唯该被告经奉蒋"委员长"训责后，尚知悔悟。随同旋京请罪，核其情状，不无可恕。并依《中华民国刑法》第五十九条、《陆海空军刑法》第六十七条第二款前段，减处有期徒刑十年，并依《中华民国刑法》第三十七条第二项褫夺公权五年。特此判决如主文。中华民国二十五年十二月三十一日，军事委员会高等军法会审判长李烈钧，审判官朱培德、鹿钟麟、军法官陈恩普、书记官袁祖宪、郭作民。最终经军委会蒋委员长决定赦免其刑期，欲改为"留在身边管教"，实际成了"无期徒刑"。

审判张学良结束之后，李烈钧算是松了一口气，但是此刻他的心里很清楚自己是在演一场戏中戏，可是又无法道出内幕。回到家后，适逢雷啸吟由贵州来南京见他。雷啸吟对这次的军事审判很关注，见到老长官便问此案有无未能公开的内情。李烈钧面对这位曾经的秘书苦笑着说："没有什么别情，只是因审理此案，我升了一级而已！"

1937年2月初，国民党五届三中全会在南京召开，商讨对内及对外国策问题。会前，李烈钧给蒋介石去一电，希望他能实现民权，救亡图存。电文："国人均渴望本党能实行先总理的遗训，共致富强，乃自十五年迄于今兹，内乱外侮，均予人民以极惨之痛苦，而人民于应有权利，从未享受……今我国家忧患相乘，危险甚矣！救亡图存，首在实现全民政治，集天下智能，以治天下。"

国民党五届三中全会上，党内派系之间在政治观点上产生了分歧，左、右两派双方间的争论很激烈。当时，宋庆龄、何香凝等人准备了一份提案，要求恢复先总理孙中山的三大政策。何香凝拿着提案书在休息室见到冯玉祥和张继，便请他俩签上名。可是不到半小时张继找到冯玉祥说，刚才那份提案书上我的签名勾掉作无效处理。这时冯玉祥正好遇上李烈钧，就把张继刚才所讲的话重复一遍。李烈钧听了之后笑一笑说："这份提案书现在何人手上？"冯玉祥答道，现在何香凝处。于是，他们找到何香凝，李烈钧接过提案书拿上笔画去了张继的名字，写上李烈钧三字，并且说："姓张的怕，姓李的不怕。我们走先总理的路，有什么危险都不怕！"在会上宋庆龄、何香凝、李烈钧等人的提案提出后，汪精卫等人的提案也在会上提交。这样，双方间便展开了激烈争论。会议最终通过的决议：在国内实行和平政策，对外虽未确定抗日的总方针，但有表示"如果让步超过了限度，只有奋起抗战一途"。此次国民党五届三中全会的政策已开始转向抗日的方向。李烈钧看到本党能走上抗日的轨道非常欣慰，他认为蒋介石在五届三中全会上的态度与汪精卫等人唱对内"剿共"对外妥协的论调相比，算是一个好的开端。所以李烈钧在五届三中全会结束后致电蒋介石，向他转达了宁沪舆论"昔之以公为非者，已不似前此之甚，而昔之以公为是者，更增其崇仰矣！"希望蒋介石进一步实行民主。并且再附道："民主政治，实为国必循坦途，公既能诚意领导，众望目集，何虑内忧不息，外侮难平？"

五届三中全会期间，李烈钧几乎是卧病在家，稍有好转他必定硬撑去会场。由于时日操劳他病情加重了，大会结束不久因脑溢血而中风，虽经医治而脱离险情但健康状况比之前更差了。于是，家人劝他还是去江西武宁老家精心养病。1937 年 7 月 7 日，在北平丰台的日军以一名军曹失踪为借口悍然向宛平县驻军的国民革命军第二十九军发动了军事挑衅。二十九军副军长佟麟阁、师长赵登禹率部奋起抵抗，战斗之惨烈，史称"卢沟桥事变"。

7 月 15 日，在延安的中国共产党发表了国共合作、一致抗日的主张，并且发表："三民主义为中国今日之必须，中国共产党愿意为其彻底实现而努力奋斗的声明。"同月 17 日，蒋介石也在江西庐山发表了重要讲话，并且向全国宣布中国将全面对日作战的动员令。

8月22日，国民政府宣布：在西北地区的工农红军改编为国民革命军第十八集团军，简称八路军，下辖三个师的建制，总司令为朱德、副总司令为彭德怀；在南方五省地区的游击队改编为国民革命军新编第四军，简称新四军，军长是叶挺将军。9月23日，蒋委员长发表了承认中国共产党合法地位的谈话。至此，中国的抗日民族统一战线实现了。在全国抗日的大好形势下，李烈钧看到了驱除倭寇、重建家园的希望，使他的心情尤为喜悦。可是，这位戎马一生为民国立下赫赫战功的他已是年过五旬而且是重病缠身，他已经力不从心无法亲自披坚执锐上前线为国抗战效力了。但是，据社会查询从1931年9月至1933年12月，李烈钧先后致电致函、复电复函给国民党中央十七次；向国民党中央提案八份；致电致函、复电复函国民党其他政要和有关社团三十八次；外出演讲报告八次；与报社记者谈话二十八次；致电复电蒋介石十九次；在公共场合发表政见十二次；倡议抗战募捐活动四次。可以说他在这期间每五天就有一次演讲或一篇抗日题材的文章发表。此时，李烈钧已病重卧榻，但他杀敌报国之心依然如故。他教育子女要向英雄学习，要为国效力保持民族气节，同时又欲将他五个儿子送上抗日的战场。在给挚友杨赓笙的信中能看出他的坦然心迹及送郎从军保卫国家之意念："……多年备位中枢，旧铗重弹复以老病浸浔，不能亲自上阵杀日寇，遂令儿辈执干戈，卫社稷，收失土，以继吾志也。"他的长子李赣鹏从英国留学归来后，去了香港从事医务工作；次子李赣驹、三子李赣熊、五子李赣骅均在大学读书也中断了学业奔赴抗日战场；四子李赣骥也投笔从戎考入中央陆军军官学校第十七期；七子李赣啸当时才十四岁，毅然报考了中央少年海军军官学校。李家五子从军抗日的事在《中央日报》刊登后，国人印象颇深。蒋介石也书写一幅"五子从戎，风起云涌"的匾送到李府，

铁血将军李烈钧

以兹鼓励。南京被日军占领后，日军又兵分两路进发武汉。国民政府为了确保重要的物资能尽快运到重庆，作出了保卫武汉的军事战略部署。正在江西养病的李烈钧知道日军已经威逼武汉时，他实在坐不住了决定去武汉面见蒋介石。

李烈钧由武宁来到武汉，正逢上国民党中央党部每周例会的召开日。他直接闯进中央党部例会会议室，蒋介石见到这位"硬头蛮子"步入会场，突然惊得抽了一口冷气急忙起身迎接让座且问道："李公，有什么话要说？"李烈钧说："我今天来，就是来说话的。不过我知道，我要讲的话你是不愿听的，我看还是不说了吧。"李烈钧说完便转身要走，此时蒋介石因碍于众人的面子，不敢得罪眼前这位党国元老、开国元勋，只好硬着头皮伸手扶着李烈钧坐下且说："李公你有话，请坐下慢慢讲。"李烈钧这才坐下激昂地说："我要说的话很简单。第一，抗日的主张万不可变，只要是坚持抗战到底，失败也是成功，成功更是成功。第二，既然是决心抗战到底，从现在起就不必再用那些投降派，不要让这类人在你的左右，赶紧把他们赶走。第三，请委员长去莫斯科，亲自与斯大林商讨抗日事宜，斯大林他会帮助我们抗日的。第四，本党要时刻为百姓们着想，万不可只顾眼前小利而忘记了人民大众……"李烈钧一气呵成，倾吐了肺腑之言之后感到一阵轻快、痛快。然对蒋介石来说李刚才的那一番话虽句句在理，可是在这种场合他是不会听进去的。但是，蒋介石也清楚在此场面不得不表示一下，为此他连声说："李公，说得有理，好极了。"李烈钧感到该说的话也说完了，便离开会场去了黄土坡冯玉祥住处，他把在例会上对蒋介石提出的四点建议告诉了冯玉祥且提起笔写下刚才所说的建议，成文送蒋介石。他一切事务忙完后才回到旅店，闻知国民政府军委会政治部副部长周恩来也住在同楼的顶层房间，欲意上楼见周恩来先生。此刻他似乎已忘了之前的疲惫，在儿子的搀扶下慢慢上楼。周恩来得知李烈钧要上楼来赶快走出房间在门口迎接。顶层这间房只有十平方米左右，屋内仅一扇老虎天窗，自然屋内很暗。周恩来请李烈钧进屋坐且抱歉说："这间房很小光线太暗，只好请李公随意了。"李烈钧坐定后环视了四周风趣地说："不要紧，没关系。你我都是习惯在黑暗中讲光明话的人，不怕黑暗！"讲完之后，二人会心地笑了起来。接着二人的话题从先总理孙中山创建中华民国、办起黄埔军校、东征北伐的国共第一次合作，一直议到今日的第二次国共合作共同抗击日本侵略军。两人的话匣子打开之后更是越聊越带劲，笑语声也不时传到屋外，屋内的气氛也显得非常融洽。

1938 年 10 月间，日军已从东、北两个方向逼近武汉，在武汉外围的保卫战打得相当激烈。这时候国民政府的各大机关也基本上撤离了武汉，此时蒋介石知道李烈钧还在武汉未走，但他对这位前辈却故意冷落撂在一边不予安排行期车辆。其一，这还得追溯到李烈钧任广州军政府参谋总长时，那时蒋介石在粤军许崇智手下当一名少校参谋。某一日，蒋介石来到参谋总部办事。他在总长办公室门口站立说一声报告后，适逢李烈钧正背着门凝视着墙上那幅军事地图沉思着北伐方案。所以他未回头只说了一声："有事去参谋作战室。"当时蒋介石确实很尴尬，碰了个不软不硬的钉子。所以此事始终在他心里记着。其二，他曾三次请李烈钧担任国民革命军总参谋长都被拒绝。其三，李烈钧在不同的场合向他直面提出意见不给蒋留一点面子。这次在武汉的例会上李烈钧又提了四点建议给蒋介石，使蒋的心中更生疙瘩和不爽。

武汉的大撤离，给交通运输带来沉重的压力。李烈钧此时能离开武汉多亏浙赣铁路局侯家源局长的帮助，才能由武汉到湘潭安顿下来。不久又南下零陵，在零陵遇见冯玉祥，两位将军在一起分析武汉的战况对局势很担忧。李烈钧认为："就目前的中国军事实力是难以抵挡住日军的攻势，所以武汉守军能坚守到现在不易了。多亏豫中会战、长衡会战、桂柳会战的战役牵制。一旦武汉失守，中国的大部分地区都将要沦陷，到那个时候怎么办？"冯玉祥说："在这国难当头之际我们俩只有归队，李济琛可以在华南起兵；你协和兄可以在华中发动；我则去西北，咱们一起带兵抗击日寇。"李烈钧说："你讲的也是个办法，这次我在长沙时覃振也表示过这个意思，我想可以试试。"两人商定之后，决定先去桂林。然李烈钧考虑到自己的病情行动会缓慢，所以让冯玉祥先行一步，自己则慢慢跟上。

10月26日，李烈钧也到了桂林。他得知武汉已在昨天被日军占领的消息后心里着急，没等行李卸完就去了冯玉祥住处，他见冯的第一句话："武汉丢了，你知否？"没等冯玉祥接口又说道："现在局势严峻，不知他蒋介石下一步是如何安排，我们要助他一臂之力推他一把。蒋现在衡山，你快去衡山见他。"冯玉祥听后觉得此去见蒋介石有为难之处便说："我现在说的话太多了，恐怕对蒋已没有多大的效果了。"李烈钧则说："焕章兄，据我所知现在也只有你是能在委员长面前说实话的人。如当年蒋要打两广时，你和他说明了情由后，他还是听了进去，结果不是没打两广嘛。现在为抗日保国你更该去说。"在李烈钧的再三劝说之下冯玉祥表示愿去，他整装二十分钟后出发去衡山。冯玉祥赶到衡山时不巧蒋介石已先行去了长沙前线，于是冯玉祥又追到了长沙。10月29日，冯玉祥见到了蒋介石并且两人深谈了一次，冯提出了改进抗日战略的十五条建议。当天晚上，冯玉祥就把刚与蒋介石谈话后的内容在电台作了直播演讲。在桂林的李烈钧收听到冯玉祥在电台的直播演讲后，心里感到忐痛快。次日，冯玉祥又赶回桂林。他见到李烈钧后正想开口说话时，李烈钧抢先开言："焕章兄，你昨晚上的电台直播我仔细收听了，讲得太精彩了！真是大快人心。"蒋介石在长沙部署了作战方针。他命令国民革命军第九兵团总司令薛岳将军驻守长沙，全力抵挡日军的进攻，誓死保卫长沙。至此，长沙保卫战的序幕正式拉开了。

十八　烈士暮年　壮心不已

　　1940 年，李烈钧没有去重庆而是选择去了西南，唯一与外界能联系的城市昆明。昆明虽然不是他的故乡，但是在辛亥年间他在云南任过军职，而后来在护国讨袁时他从海外又潜入云南举兵讨伐袁世凯。所以，每年的护国起义日他都会请老朋友来家中相聚，畅谈当年起义讨袁的往事。所以对李烈钧来说，他对云南有着深厚的感情，并不亚于他对家乡江西的感情。他到达昆明时，当年的同事、友人及讲武堂的师生闻知后，都赶到城外的古幢公园迎接。三十年前的李烈钧年少志壮，举兵起义推翻帝制，可谓叱咤风云。如今友人相见，却已两鬓斑白、垂垂老矣。但是，他仍然有着"烈士暮年，壮心不已"的情怀，有着"忧国忧民之心，仍不泯灭"的志气。这次，李烈钧来昆明还是居住在老友黄毓成家。

　　云南的李根源和李烈钧有着数十载的深厚友情，他们俩既是同学又是同事；既共同起兵讨袁，又曾经相互争夺滇军。可是，他们在抗击倭寇、民族大义的旗帜下，双方都不会记宿怨，只忆旧情。李烈钧来昆明不久，李根源还设宴为老同学接风洗尘，并且请了云南诗人王灿、王桢兄弟俩作陪。席上，二李和二王极兴联诗，吟成七绝一首："山中宰相今犹昔（李烈钧句），灞上将军去复还（李根源句），一时瑜亮耦无猜（王灿句），难得二贤天与健（王桢句）。""山中宰相"是指南朝陶弘景，李烈钧以此来比喻李根源，"灞上将军"是指汉朝李广，李根源以此来比喻李烈钧。这首绝句在宴席之后很快在昆明的民众中传开。

李烈钧一行有随员及家眷几十人都住在黄毓成府上，他不由忆起当年护国讨袁时闯关入滇也是住在黄毓成家。如今重归云南昆明还是住黄府，不无思旧之情。随后应邀迁居至郊区温泉李根源府上。

李烈钧这位党国元老、堂堂的陆军一级上将来到昆明，作为云南的最高长官龙云将军理应安置李烈钧一行的食住。然而龙云因未接到中央政府的通知，他思感李烈钧肯定得罪了蒋介石而遭到冷落，所以龙云也只能装聋作哑了。李烈钧亏得云南那些老朋友的相助接纳，他们一行人员在昆明暂住下来。

云南省主席龙云在护国讨袁时，是唐继尧的卫队长，在名分上也算是李烈钧的部下。所以，李烈钧到昆明后，龙云即派人前去慰问且送上酒席以表敬意。可龙云没来，一则是他顾忌蒋介石对李烈钧的态度；二则龙云现在是云南省主席，按习惯应该是"行客拜坐客"，不便亲临拜访李烈钧。然而，按李烈钧的秉性那种傲气如故来说，如果他自己的部下不得志，他会屈尊去访；而对现已身居高位者，反而他不会去见。所以，两人虽在一个城市却一直未见面。

李烈钧在昆明清闲的时间多了，反而对病况的稳定带来益处。心情好时由子女陪同去附近的名胜古迹走走看看，聊以消遣。在这期间发生一件趣事，某一日李烈钧由儿子陪同上了西山的华亭寺。他喜欢与造诣高深的高僧谈禅论法，从中能领悟到人生的哲理。当他在大殿左侧的客堂和住持老僧聊得正兴之际，从堂外走进一位年轻军官。这位军官见大堂正中坐着一个头戴一顶毛线编织的圆帽，身穿一件布衣长衫的老头，认为是来参神拜佛的香客，便上前向老人挥手示意让位去一边坐。李烈钧身旁的儿子正要上前发话，李烈钧站了起来手端着茶杯且拉着儿子连声说："好，好！我们让！"说完走到一边的座位。住持老僧呆呆站着，不知所措。片刻后，杜聿明将军带着几位军官走进堂内，他一眼望到坐在边侧正低头喝茶的李烈钧，急忙快步上前立正行军礼。先前那位要李烈钧坐到一边去的青年军官见杜总司令向这位老人恭敬行军礼，脸上一下子吓得刷白。这时，李烈钧见青年军官傻呆的样子，便走到他面前微笑着拍了他肩说："么事，么事。"

1941 年 12 月 25 日，香港被日军占领，英、美诸国在港的财产被扣。日本驻香港总督矶谷廉介与李烈钧是日本陆军士官学校六期的同学，在他接收汇丰银行时查到李烈钧的夫人华世琦所存的财物，便登报请李烈钧去香港领取。这时候，李烈钧正在昆明住在好友黄毓成家。当夫人华世琦知道此事后，欲派人去香港取回钱财，以维持目前的生活开支。李烈钧知道后坚决不同意去取财物，他劝其夫人："不愿为金钱而屈节，国家如果亡了，我们要钱何用？国家如若复兴，将来何愁无钱！"去香港取钱物的事，也就此作罢了。李烈钧从武汉南下昆明也住了一段时间了，他感到这么一大家人久居在老友家里也不是一个办法。适逢冯玉祥此时来电相邀去重庆且将住处安排好，于是李烈钧决定迁居重庆。临行前，云南省主席龙云知道李烈钧要去重庆便派人带信给他且准备了一份赆仪赠送，作为李烈钧一行途中之用。可是，李烈钧不为所动，还是未去龙云处辞行。再说，冯玉祥已将重庆歌乐山云顶路上的一座自建楼房给李烈钧一家居住及派出一个班卫士作为警卫。李烈钧安抵重庆后，华夫人提议请冯玉祥吃饭以表谢意。李烈钧听后起初不同意，他认为冯玉祥不是一个施恩必图报之人。后经夫人的解释后才知不是去那些高档酒楼摆宴请客，而是在家里以粗食淡菜来待友，大家叙旧为主，李烈钧方觉夫人此安排甚妥便同意了。冯玉祥应约来到李家，他见饭桌上放了一个大汤钵盖子盖着。他好奇地问这是何道名菜？李烈钧微微一笑不作回答，而是伸手慢慢揭开盖子，原来是一大钵南瓜。冯玉祥当即拍手且大笑说："知我者协和兄也！"原来这位布衣将军早年带兵打仗时因粮饷不足时常拿南瓜来充饥，军中自然流传出"口吃南瓜心里甜，再苦再累也心甘"的民谣。于是，吃南瓜的轶事便成了冯玉祥的一个嗜好。饭时，李烈钧和冯玉祥两人以南瓜的典故把话题又引到了当前的国事。他们对军界、政界的某些达官贵人那种把抗战置之度外，整日醉生梦死，轻歌曼舞的畸形现象而感到愤愤不平。两人正聊得心潮澎湃时，华夫人端上一大盘南瓜煎饼。冯玉祥一见便大笑说："嫂子，你也知俺最喜欢吃南瓜饼，谢谢！"说完顺手拿起南瓜饼再卷上葱蘸着咸酱大口咬起来且连声说："痛快！痛快！好多年没有吃上这么可口舒心的饭菜了。"李烈钧和夫人在一旁会心地笑了起来。在歌乐山李府的大院园中有一根旗杆，每日的旦夕都有升降国旗的仪式。每日清晨当升旗号音响起，李烈钧由儿子扶掖着走到阳台上，面朝着国旗的方向肃立行注目礼至礼毕后才返回吃早饭。饭后由长女赣骊负责读当日的报刊，每日晨读报刊关注国家大事乃是李烈钧一日复一日的必修课。

不久，长女去成都华西大学念书，每日读报的事就落在次女赣鹤的身上。在读报的过程中须认真，因为读错了她父亲必定知道，读漏了他也知道。此外，读报速度的快慢、音调的高低都要有板有眼，这才合父亲的心意。可次女每当读到报上新闻中那些喜事、悲事时，她总能看到父亲的表情随事而喜而泣，真谓是"与喜乐的人与事同乐，与哀哭的人与事同哭"。从中不难看出李烈钧还是个性情中人。李烈钧的家教也很严，家法乃是罚跪。他管教子女是赏罚分明，绝不以无过的为有过，也绝不以有过的为无过。子女们只要在他的面前，错就认错，是就说是，不是就说不是，诚实无伪，便不会受到惩罚。次女赣鹤说过曾发生在她身上一件难忘的事：有一次家中开饭时，父亲叫她下楼去厨房请掌厨大师傅上楼来一起吃饭，然她没有下楼而是走到二楼阳台上呼叫："大师傅，总长叫你上楼来吃饭。"此话被父亲听到后严厉责备她没有礼貌，不尊敬对方。其实她知道父亲的意思，不应该站在阳台上吼叫而是要下楼去面请。她赶紧下楼去请大师傅，算是逃过一劫，没有受到家规罚跪，足见"请"字在李家是多么受重视。

李烈钧在歌乐山居住的那段日子，党国政界的那些要人鲜有前去探望这位党国元老，唯有旧友、老部属还能时常去拜访。时雷啸吟从外省来重庆特意上歌乐山拜见李烈钧，他曾是李烈钧的秘书。在交谈中，李烈钧对自己的处境万分感叹并且说："现在那些阔人在城里有公馆，在城郊又有别墅。然而我却栖身之所无也，仅靠朋友的帮助得借一廛为氓。"雷啸吟听了一阵辛酸，觉得老前辈太凄然了。他离开李府回到住处后心情沉重仍未平静，片刻之后写下一首诗送上李烈钧。诗中有两句："报国有功余白发，治生无计梦重闈。"来表达他对李烈钧人品的敬重。

不久，云南的李根源也特意来重庆上歌乐山看望老同学李烈钧。两位老人此时相见心情都显得很激动，李根源见李烈钧走路的步伐已是蹒跚，心想云南一别才一年多然他的健康状况怎会如此差矣。这时候两人间的话题也局限于那些旧日的往事上，只有这些经历才能给他们带来一点乐趣吧。可是，没聊多久李烈钧明显体力不支了，说话的语速慢了下来，李根源见此情形便说：现在太阳快要下山了，你也该休息一下，咱们下次再聊吧，说完站起来告辞。李烈钧依依不舍地送老同学到大门外目送着李根源离去的背影，似乎感到当年那股火热的革命生涯也随着他的背影而离去。站在一边的卫士劝说他，外面寒冷请总长回房休息，李烈钧才转身回房。他进屋后直接上了二楼的阳台，站在楼头瞩目着朝山下走去的李根源。此时的李根源也时不时回头望，他见李烈钧站在楼头注视不由一阵辛酸且吟了一首七绝："歌乐山前柏子香，武宁上将病郎当；楼头瞩目遥相迓，四十余年话倍长。"

1943 年 10 月，国民政府举行了辛亥革命纪念日庆典。李烈钧也收到了邀请函，他非常高兴且愿抱病赴会。他在儿子的搀扶下步入会场，被工作人员安排在一个很不显眼的位置上。此时的他已无力再去争，也无意去争什么位置，便顺从工作人员的安排悄悄坐下。他望着那些国民党大员在会场上川流不息都在忙于应酬，这些大员只顾着显摆，谁都没有注意坐在偏角处的李烈钧。不知过了多少时间还是于右任发现了李烈钧平静安详地坐在门角处，顿时一惊急忙快步上前。于右任边走边说："协和兄，怎么你坐在这里呢？太不像话了！"同时，他训斥了站一旁的工作人员，且命令赶快扶李烈钧到显要人物的席位上。之后，于右任又找来时任代参谋总长的程潜将军，并且把刚才的那件事告知。程潜听后来到李烈钧面前打招呼，接着责问工作人员。李烈钧便上前制止说："颂云兄，不要去怪士兵，只怪我没有穿军服，不然也不会发生刚才那场误会，不知者不罪嘛！"

1944 年的春节前夕，李烈钧由儿子陪同上街去理发。他们进了一家理发店后，老师傅热情接待入位且边理发边与李烈钧聊起天来，老师傅不知眼前这位老人是李将军。李问师傅："听你的口音是扬州人，是吗？"师傅回答，老家在扬州。李又问："从扬州来重庆，这一路走来不容易啊。"师傅说："这是我第二次逃离扬州。"李问："那么第一次是啥事？"师傅答道："那还是在民国十六年，孙传芳的北洋军要过长江打南京，他的司令部就在扬州。那些北洋兵到了扬州后老百姓可遭殃了，我的小店整天被北洋兵霸着，顾客吓得不敢来理发了。然这些兵理完发后不给钱，我是天天给北洋兵剃白头。"李听后好奇问："这些兵都是白头发？"师傅苦笑着说："这个话是我们的行话，就是剃头不给钱嘛，所以叫剃白头。我当时一气之下去找当官的评理，哪知当官的还未听我说完就拔出手枪说，你要剃头钱？我说，我是靠手艺吃饭的，一天不开张就得喝西北风。那个当官的凶狠瞪眼且用枪顶着我脑门儿，我为了活命只好放弃小店逃离扬州去了乡下。事后听说孙传芳领北洋军渡过长江攻打南京，当时国民政府的五位常委中唯有一位姓李的大官留守南京。这位李大人可真神，他站在南京的鼓楼上指挥着国民革命军抗击北洋军，一下子就把那些北兵赶到长江喂鱼了。北兵那个龟孙子孙传芳也跑了，我才回到扬州。"李烈钧听完师傅的故事后没有说话只是会意一笑。此时，他见小桌上放着红纸和笔墨，便问师傅："这纸墨是准备写过年的对子吧？"师傅说："是的，还未请到人来写。"李烈钧说："我来帮你写，如何？"师傅说："那就有劳老先生了。"于是，李烈钧提笔饱蘸浓墨，一挥而就，写下："倭寇不除，有何颜面；国仇未复，负此头颅"。

1944 年，国民党党史编纂委员会请李烈钧写传记，这件事唤起了病居山城老人的激情，也由此勾起了他自己的那段经历，自然是欣喜答允。他把自传分为十二节：一、家世追述及求学时期；二、从事革命；三、辛亥起义；四、督赣时期；五、讨袁之役；六、周游列国计图再举；七、护国之役；八、护法及讨龙援赣诸役；九、出巡及北伐讨陈诸役；十、追随总理北上及做客张垣；十一、龙潭之役；十二、翊赞中枢及审判张学良经过。冯玉祥为《李烈钧将军自传》封面题字外，还作了跋："协和先生卧病滇垣，怀念弥殷，后来陪都，养疴山野，两年来身体日渐康复，今竟能以自传授读矣。此于己于国，均大有裨益。详阅之者再，欣慰之余，且有不能已于言者，仅为读者复申述一二：协和先生，自求学以来，即参预革命。后得追随总理，创造民国，举凡辛亥、讨袁、护国、护法、北伐、龙潭诸役。无不躬亲其间，固善将兵，亦善将将者。冒大险，犯大难，决大疑，定大计，赴汤蹈火，万死不辞。其为党国，忠诚如此。抗战军兴。虽身无重寄，而目睹国难，义愤填膺，乃本知无不言，言无不尽之旨，建言中央，道人所不敢道，议人所不敢议，犹恐言单，无补国是，复促友人为之。对国、对友、对抗战，可谓忠直无私，竭尽心力矣！此外则慷慨豪侠，大仁大义，济人之急，救人之危。传中所述，对孙禹行兄之救援，及详忆及其督赣时，对国忠，对党实，对人义，对友直，行无所畏、言无所忌，此大仁、大智，大勇而几于圣贤者，传中所述，实仅涯略，读者更当于此外求之可也。"

李烈钧在传记的自序中写道："总理创造之三民主义，即为建国之本，切盼全国贤达，推诚相与，意志集中，期其早日实现。总理嘱于吾人者，为唤起民众，及联合世界上以平等待我民族，共同奋斗，尤应信守奉行。凡我全国军民所牺牲而翘望者，以及盟邦援助之感情，均将有以慰答。是则于景仰总理，倦怀先烈之余，所日夜寤寐以求之，而不能自已也。余老矣，哀病侵寻，轸念前途，愧赧曷极。顷者，应党史编纂委员会之请，特将余之生平，纪其涯略，挂漏诚所不免，邦人君子，惠予指教，实所幸焉。"

抗日战争胜利的前夕，李烈钧由歌乐山迁居到小龙坎。这时候，他的病情已经很严重了，基本上是卧床休养，但是他仍然牵系着抗战的局势。1945 年 8 月 15 日，日本天皇裕仁宣告向中国政府投降。抗战终于胜利了，中华大地此刻是举国欢庆，躺在病榻上的李烈钧闻知这喜讯后精神为之一振。但是，不久国家的局势发生了变化，国共两党开战了。李烈钧面对此事心情又沉重了，他为国家的前途而担忧。每当冯玉祥、王侃等友人来探望时，他总是流露出对当前时局的担忧。在他弥留之际的遗言中这么写道："强敌既摧，危机犹伏"，希望"全国同胞，上下一心，精诚团结，谘诹善道，察纳雅心，紧握千载一时机会，迅速完成现在国家之建设，共维世界永久之和平"。

　　1946 年 2 月 20 日，为民主共和而奋斗一生的李烈钧，因患高血压及肺炎经医治无效在重庆家中病故，享年 64 岁。2 月 27 日国民政府发出了第 92 号褒扬令，内称：国民政府委员陆军上将李烈钧，器识恢宏，才略英毅。早岁在海外研习军事，加入同盟；辛亥光复赣省推任都督；癸丑、丙辰诸役，倡义兴师。反对帝制，功绩至伟；护法入粤，赞佐戎机，并著勋献；十六年南京初奠，江淮未靖，龙潭告警，形势艰危，赖坐镇于中枢，弭逆氛于旦夕，北伐大业，得免于挫；七七事变后，政府西迁，忧愤成疾，虽抗战已庆胜利，而病躯难复康强。遽闻溘逝，痛悼实深，应予明令褒扬，发给治丧费一万元，派居正、冯玉祥、邹鲁、程潜、吴鼎昌、吴铁城、陈立夫、张治中、宋绍良、狄膺、曹浩森、李明扬、段锡朋、陈肇英、刘峙、程天放、宋子文、戴传贤、于右任、张继、孔祥熙、王懋功为治丧委员会委员，料理丧事，饰终典礼，务从优隆，生平事迹存备宣付国史馆，用示政府崇报元勋至意。此令，中华民国三十五年二月二十七日。

在李烈钧奠堂的两侧悬挂的挽联中，有蒋介石送的挽联："勋在共和辉国史，运回厄难慰英灵。"冯玉祥亲书挽联："海内重光日，蜀中陨大星。"国民党中央委员会、监察委员会送的挽联概括了李烈钧奋斗的一生："湖口烽烟，珠江弹雨，滇池骏浪，燕塞征尘，当年砥柱中流全凭一族；鲁连仗义，武乡用兵，高蛮英名，优波韬略，屈指复兴元老几见斯人。"灵堂里众多的挽联中有一联颇耐人寻味，就是那联："功不言功，劳不言劳，忠廉贯始终，一死难消群杰恨；党中有党，派中有派，私为弥宇宙，几人真吊我公魂。"李烈钧的追悼会，由蒋介石主祭，国民党的显要人物及中共领导人毛泽东、周恩来也委派董必武、王若飞、叶挺等人参加吊唁。出殡那天，社会各界人士及民众也来送行，中共代表团很重视，特派董必武参加送行。董必武手扶灵柩，面对李烈钧的子女说："你们的老人家在二次革命讨伐袁世凯的通电中那句话：'宁做自由鬼，不做专制奴'，这句话我们始终都不会忘记。"治丧委员会尊重李烈钧的遗嘱，将遗骸归葬于家乡江西武宁若溪之祖茔。

李烈钧的灵柩由"民意"号轮运至江西九江，船行沿江重镇时当地的政府官员也在口岸设奠台迎送，船到九江后灵柩再换小火轮沿修水河西行到武宁安葬在若溪的读书台。

翌年 5 月 6 日，国民政府又发第 400 号文下令国葬：国民政府故委员李烈钧，翊赞共和，功在光复，民国二年、四年赣滇诸役艰难起义，维护邦基，勋业尤为炳著，追念英者，应即特予国葬，以示优崇，着内政部依法筹办定期举行。

李烈钧将军一生光明磊落，赤诚爱国，他始终把民族的利益放在首位。尤其在九一八事变前后期间的表现，足以证明他是一位胸襟境界之甚者，是一位真正的斗士。

李烈钧以"天下为公"的理念贯穿其一生，一切以民族的前途和民众的利益为准绳，不顾一身疾病为抗击倭寇而奔走大江南北，此民族精神难能可贵，称得上是忠直无私、竭尽心力。

十九　魂归故里　夫妇合墓

　　1949年10月1日，中华人民共和国在北京庄严宣告成立。党和国家领导人很关心居住在上海的李烈钧夫人华世琦女士，由时任上海市市长陈毅派专人去思南路91号李宅探望华世琦女士。向她转达了国家领导人朱德、周恩来、宋庆龄对其的问候，同时热忱欢迎她上北京参加社会工作。华世琦女士对党和国家领导人的关怀表示由衷的感谢，同时她谈到身边的子女大多在海外，现在家中的十子赣骝也参加了中国人民志愿军，所以希望在海外的子女能回到祖国报效国家。后陈毅市长把这些情况汇报中央政府，不久由朱德、周恩来两人亲笔书信交由宋庆龄女士从北京带回上海面交给华世琦女士，信中写道欢迎李烈钧将军其海外的子女回国参加新中国的社会主义建设。

　　李家兄弟知晓后很受感动，他们先后毅然回到祖国。政府安排他们去华东革命军政大学学习，结业之后李家三兄弟分别被分配到上海的司法、教育、商业系统，他们在各自的工作岗位上为新中国的社会主义建设出了一分力量。

　　1958年8月1日，国内的第一座以土坝建水库蓄水发电的柘林水电站工程兴建，规模按照江西五大河流之一的修河开发规划设计。

武宁县城和所属的十一个公社全部及库区范围内都必须迁移到新址。箬溪也属于全淹的区域，然李烈钧将军的墓正好处在淹区，亦须迁墓。当时，中共武宁县委及时将此情通知了在上海的李烈钧夫人华世琦女士。华世琦知道之后将事由函告宋庆龄女士，请她转呈中央政府请示如何处理。

之后，经周恩来总理的批示，迁墓事宜由中共江西省委具体办理。中共江西省委根据中央的指示，交由江西省委统战部具体落实细则。

江西省委统战部派出该部一位处长专门负责且与李烈钧的次子李赣驹和四子李赣骥一起去武宁新县选择李烈钧将军新墓址。

在省、地委的支持下，整个迁墓工作进行得很顺利，李烈钧将军的新墓就落葬在修河上游的南岸飞凤山的山腰处。

1975 年秋，李烈钧将军的夫人华世琦女士在上海去世，享年 80 岁。1980 年 4 月，李烈钧将军的十子李赣骝，曾任邯郸市副市长、河北省政协副主席、全国政协常委兼副秘书长、民革中央副主席，他向中共中央统战部提请了申请报告，希望将其母华世琦的骨灰盒与其父李烈钧合墓。

中共中央统战部根据李赣骝提请的报告于 1980 年 6 月 28 日下达了《关于李烈钧将军夫妇合葬等两个问题》的批文。中共江西省委统战部、上海市委统战部接到中共中央统战部的批文后及时作出了有关事项通知。具体工作由中共江西武宁县委负责落实，县委成立"办理李烈钧将军夫妇迁墓合葬"领导小组。

新的墓址经省、地委及邯郸市委统战部对武宁县城实地调研、商洽之后，选定在武宁县城的烈士陵园右侧山腰处。新墓的设计与施工由建设局负责，整体规划按照各方领导提出的墓地须牢固、美观、庄重的要求进行设计，施工图纸绘出后报省委批复。在筹备各项工作和墓地施工期间，李烈钧的三子李赣熊由上海先期来到武宁，他协同参与新建基地及接待事务的工作。

1980 年 11 月 22 日，李烈钧将军夫妇的新建墓茔完工。陵墓上方建有三米高的墓亭覆盖，墓碑采用星子县的特产金星砚石，长 170 厘米、宽 91 厘米，碑正中并排刊刻"李烈钧将军、华世琦女士之墓"，右方刻上夫妇籍贯及生殁时间，左方落款是中国人民政治协商会议武宁县委员会立。早晨，在县委领导的组织下，李烈钧将军的灵柩从原墓陵请出，安放在已准备好的一辆大卡车上由飞凤山处缓缓驶向武宁县城的烈士陵园。一路上家乡的父老乡亲都走出了家门在路边目送灵车，还有很多人一直尾随着灵车来到烈士陵园。在陵园的山脚下，灵柩由十二个人一步一步抬往山腰处的新墓地。

上午十时，由中共武宁县委统战部主持了庄严的李烈钧将军夫妇合葬仪式。在墓前，省、市、县的领导和李烈钧将军在国内的子孙及当地父老乡亲参加了合葬仪式。

数年之后，政府对墓区又进行了规划改造。在墓区周围种植了树木，草色青幽、翠柏如染，环境幽静。在墓前扩建平整了祭台，并且有台阶拾级而上，墓的右侧建了一座横碑，碑上刊刻了李烈钧将军的传略。这些能供凭吊者对李烈钧的生平事迹了解，让后人缅怀学习李烈钧将军一生为民主共和、国家的强盛而奋斗之精神。

二十世纪九十年代，李烈钧在日本侨居的长女李和，居德国的六女李赣骕偕夫君翁业宏（原国民政府驻法国大使馆的武官），台湾的八女李赣鹤偕夫君杨西翰等亲属先后回到家乡武宁祭扫。

在武宁的社会各界、中小学生每逢清明时节，组织来烈士陵园敬献花篮以示悼念，祭拜这位为民主共和而生的先辈。

后 记

在中华民族近代史册的长河里，出现了一位伟大的民主革命先行者孙中山先生。在他领导下的民主革命历经了几十年的奋斗，让无数热血青年不怕强暴、不惧威胁、英勇斗争、前仆后继为推翻清政府专制统治，建立民主共和作出了不可磨灭的贡献。

江西人李烈钧就是在这股革命的洪流中脱颖而出，并且逐渐成为孙中山的得力助手。之后，他长期担任孙中山的参谋总长，为革命呕心沥血、出谋划策。他直接参与了辛亥讨袁、护国、护法、北伐、龙潭诸战役，也是指挥三军的主帅。从李烈钧的革命生涯中不难看出，他不仅是一位卓越的军事家，还是一位有远见的政治家。他坚决拥护孙中山先生倡导的新三民主义，"联俄、联共、扶助农工"政策，始终坚定站在孙中山先生一边。在九一八事变前后，他出于强烈的爱国精神和民族精神奔波于大江南北，大声疾呼全国民众应该团结一致、抵抗倭寇。并且提出"国难发生，一致攘外"的主张。抗日战争胜利后，躺在病榻上的李烈钧仍然心系国家命运。每当冯玉祥及旧友来探望时，从他的话中都能感受到他对国运的关注。

在他生命的最后日子里，他的遗言中留下那么一句话："强敌既摧，危机犹伏，希望全国同胞，上下一心，精诚团结，谘诹善道，察纳雅心，紧握千载一时机会，迅速完成现在国家之建设，共维世界永久之和平。"

国民党元老于右任先生曾说："李烈钧先生常是正色谠言，切中时弊，言事有高识，有其独特的见地。"然而李烈钧先生亦自云："骨鲠在喉，不吐不快，狂夫之言，圣人择焉。"足以可见，他无时不以天下治平为念。此外，李烈钧的刚正不阿，敢于直言之品质，也是值得我们这一代人借鉴与学习的。

编者作为后人应该学习祖辈的那种爱国主义精神，并且有责任和义务把祖辈那段历史整理出来。所以，从各方渠道广泛搜集、征询相关李烈钧将军的史料，以《李烈钧自传》原著为纲要编著了《铁血将军李烈钧》一书。

本书还参阅了"台湾史事纪要编辑委员会"出版的《李烈钧先生百年诞辰纪念集》、人民日报出版社出版的《李烈钧自述》及李家长辈的言授而汇集成文。同时，也要感谢李赣骝、李季平、李启亮的大力支持。

愿后人继承茂德、有励来兹，同时供近现代史学者做参考。

编者 李季清